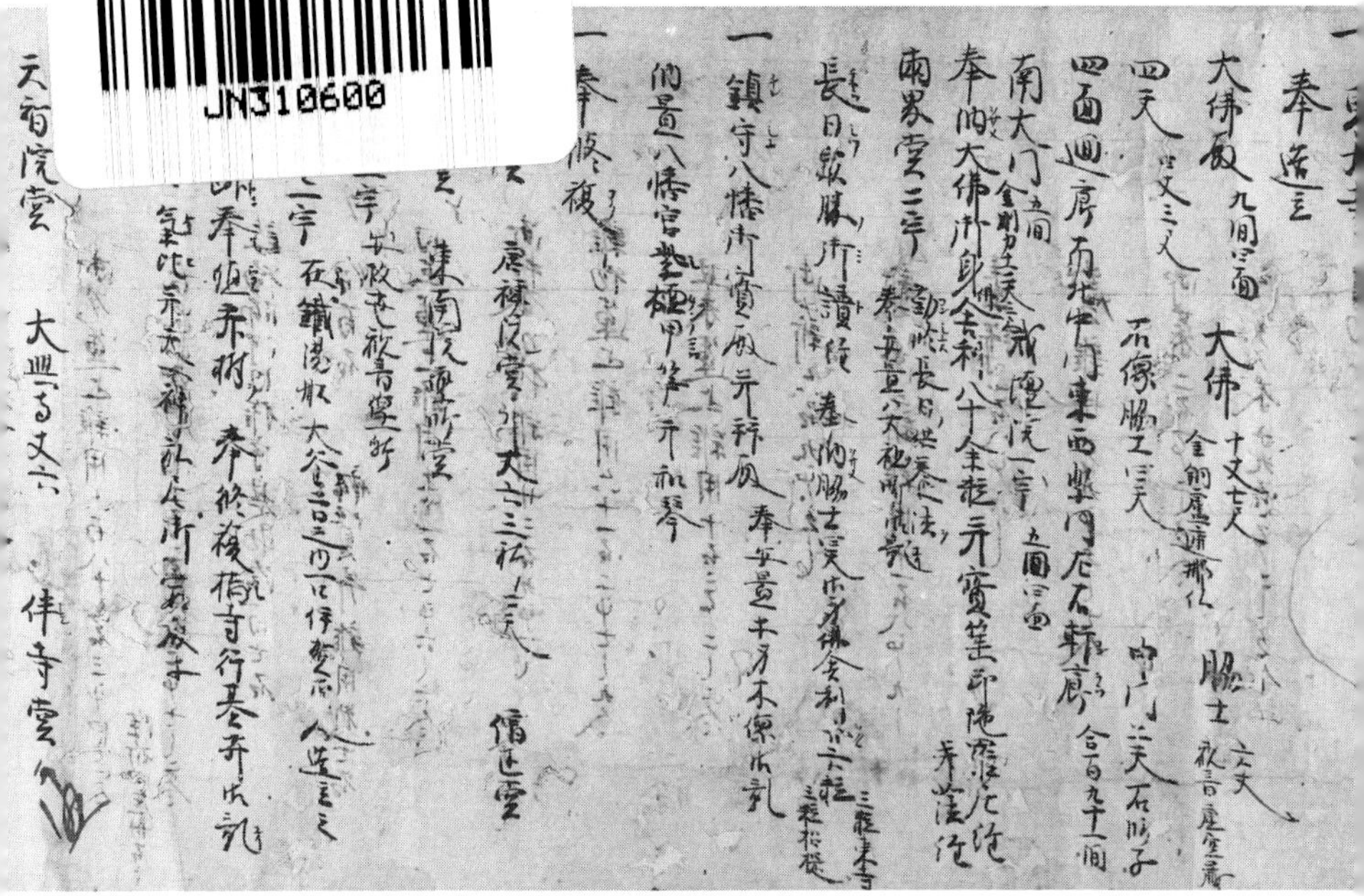

奉造立
大佛殿 九間四面
大佛 十丈六尺
四天
四面廻廊
南大門
両界堂 二宇
一 鎮守八幡宮寶殿并拝殿
天竺院堂
伴寺堂

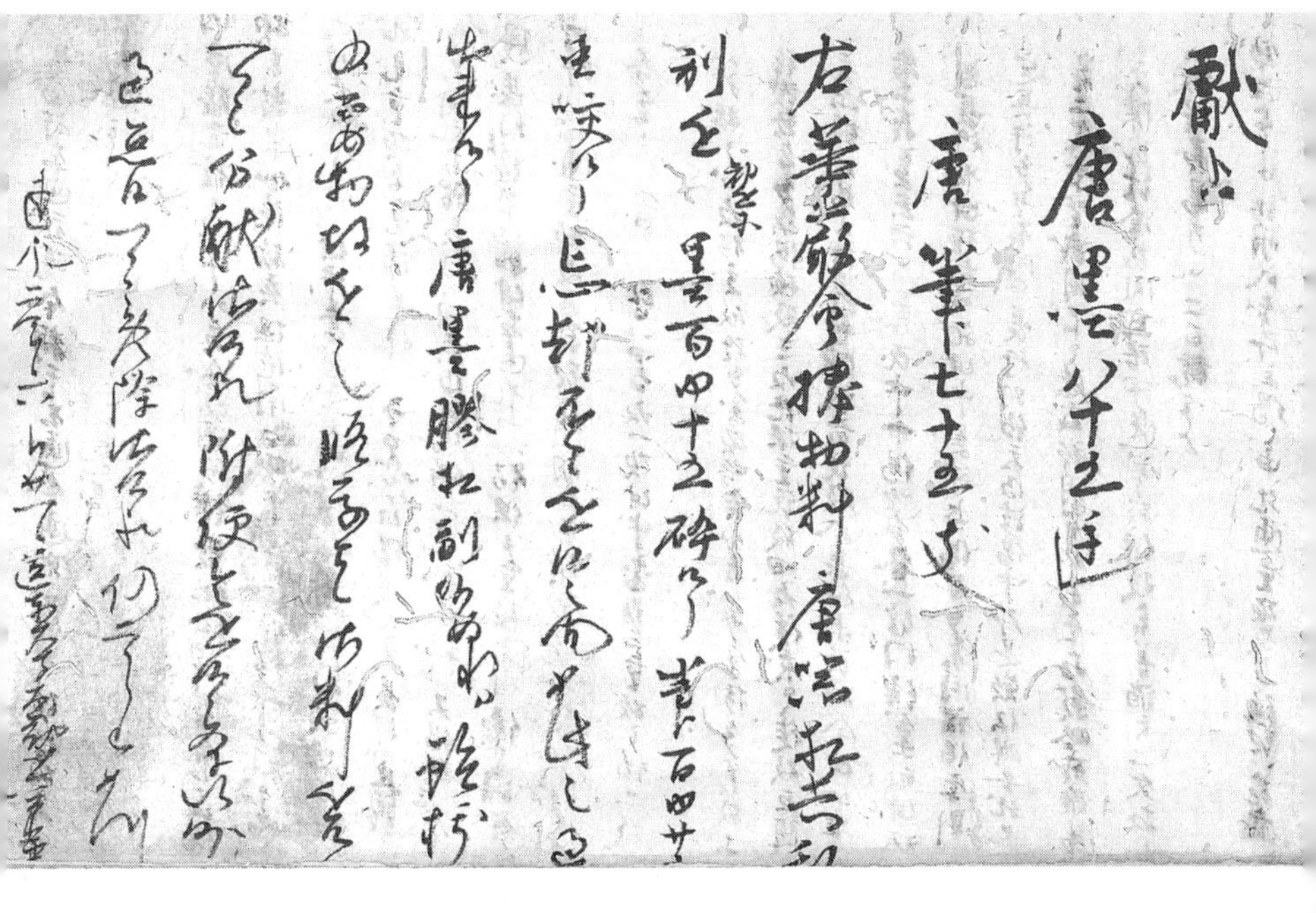

獻上
唐墨
唐筆七十五支

監修者——加藤友康／五味文彦／鈴木淳／高埜利彦

［カバー表写真］
東大寺南大門

［カバー裏写真］
重源坐像(右)と栄西坐像

［扉写真］
重源著『南無阿弥陀仏作善集』(部分，上)と
栄西自筆書状「唐墨筆献上状(とうぼくひつけんじょうじょう)」(部分)

日本史リブレット人 027

重源と栄西

優れた実践的社会事業家・宗教者

Hisano Nobuyoshi
久野修義

目次

重源と栄西をならべてみると

重源(一一二一～一二〇六)も栄西(一一四一～一二一五)も、ともにその知名度はきわめて高く、多くの人びとにもなじみ深い僧侶である。どの高校日本史教科書をみても、この二人についての記述は必ずみいだせる。いうまでもなく、重源は源平(げんぺい)争乱期に焼失した東大寺(とうだいじ)再建に活躍した人物であり、東大寺南大門(なんだいもん)はそんな彼の活躍を今に伝える巨大な文化遺産となっている。また、その風貌も、それ自体が優れた芸術作品でもある肖像彫刻によって強い印象をわれわれにあたえている。一方の栄西については、中国からわが国に臨済禅(りんざいぜん)を伝えた禅宗の開祖(かいそ)、また喫茶の風習を日本で広めることに大きく貢献した「茶祖」としてあおがれている。出身地にあたる岡山県では、今も毎春「栄西茶会」がその事績をたたえて催されている。栄西は、「禅」と「茶」という「日本の伝統文化」なるもののいずれについても、大きく寄与した稀有な人物というわけである。

さて、教科書風の記述によると、重源は勧進活動による東大寺再建やあらたに導入した建築様式「大仏様」▲などの関係から、鎌倉文化の建築・美術分野で取り上げられ、一方、栄西は禅宗の臨済宗をもたらした開祖ということで、鎌倉文化を代表する「鎌倉新仏教」の浄土宗・浄土真宗・時宗・法華宗の祖師らとともに登場するのが通例である。両人はともに鎌倉文化のなかで取り扱われてはいるものの、重源は建築美術、栄西は思想文化の項で扱われており、重源が東大寺という古代以来の国家的寺院である南都世界、いわゆる鎌倉「旧仏教」の再興に連なり、他方、栄西は「新仏教」開祖の一員、との印象が強く残されることになる。重源が弟子たちにあたえた「阿弥陀仏」号に着目して、その浄土信仰を重視することもあるが、その場合でもやはり禅宗の栄西とは別ジャンルに属する人物という理解となろう。こうしたイメージが広く流通しているため、重源と栄西の二人を関係づけて理解するということはほとんどなく、それぞれのジャンルでの偉人とするのが通例だろう。

▼**大仏様**　重源によって新しく宋からもたらされた建築様式。貫をとおして柱をつなぎ、軒の組物は挿肘木を重ねる。東大寺南大門（カバー表写真参照）や播磨浄土寺の浄土堂（五〇ページ下写真参照）が代表的で力強い印象をもたらす。

明快な整理分類は、歴史認識のうえでおおいに役立つ半面、逆にその思考を制約してしまうこともある。重源や栄西についての一般的な理解などは、その一例といえよう。重源や栄西には、旧仏教―新仏教、浄土宗―臨済宗などという枠ではとうていおさまりきれない性格が当然ながら存在したし、また、二人の足跡をながめるとたいへんな親近性・共通性をみいだすこともできるのである。その生没年からもわかるように、二人はちょうど二〇年という年齢差をもってほぼ同時代を生きた人物であり、しかも直接の面識もあり、時に行動をともにした親しい間柄にあった。私たちが想像する以上に二人の距離は近いものがあったことを、この際十分に心えておく必要がある。

『平家物語』の異本ともいえる『源平盛衰記』▲によると、壇ノ浦合戦のあと、生きながらえた建礼門院徳子が出家する際、その戒師をつとめた京都東山の長楽寺阿証坊印西にかかわる記述として次のような一文がある。

世の人のことわざに、知慧第一法然坊、持律第一葉上坊（栄西）、支度第一春乗坊（重源）、慈悲第一阿証坊（印西）といはれけり。

徳子の戒師印西はさておき、法然・栄西・重源というわれわれにもたいへん

▼『**源平盛衰記**』　鎌倉後期に成立。『平家物語』のなかでも記事が詳細な読本系の一種。

なじみ深い人物が、当時の人びとにとってもよく知られた同時代人としてならび称せられる存在であったことがよくわかる。人物の組合せや評価内容を示すフレーズそのものもなかなか興味深い。

さらにみのがせない事実として、重源と栄西は東大寺再建の中心的役割を担う東大寺大勧進の初代と第二代であったということがある。鎌倉期の東大寺大勧進は、重源ばかりが突出して有名であるが、重源の死後、大勧進となったのが栄西であり、その後、鎌倉時代においては東大寺大勧進の多くが栄西門流で占められていた。このことはつとに知られていた事柄であるが、どうしても「旧仏教」「新仏教」という考え方の枠組みに影響されてか、一般的な認識としては浸透していないようである。しかしながら近年では、こうした枠組みを越えるような、東大寺大勧進関係文書や密教僧(みっきょうそう)栄西についての新資料がぞくぞく紹介されており、こうした見方は急速に克服されようとしている(横内二〇〇八、吉川ほか二〇〇八、小原二〇〇九、稲葉二〇〇三、国文学研究資料館二〇〇六)。

彼らが生きた時代は、それまでの日本歴史でも類例のない大規模な内乱の時代であった。いわゆる「源平合戦」という時代であるが、研究者のあいだでは、近年、これを平家滅亡から鎌倉幕府成立という過程に単純化してしまわぬよう、「一一八〇年代内乱」という呼称を用いて、一〇年におよぶ「戦争」の時代という観点からさまざまな考察を行うようになっている(川合二〇〇四、保立二〇〇四など)。たしかに、未曽有の広範囲かつ長期間にわたる動乱の時代であり、鎌倉幕府の誕生はそのなかの一こまであった。さらに注目すべきは、この時代は、きわめて活発な対外交流の時代でもあったことである。多くの文物や情報が海域アジアを行き交っており、列島内でも中国人居住地の存在も確認されるなど、多くの新知見が、しだいに明らかになってきている(川添一九八八、大庭二〇〇九)。

重源や栄西の事績は、こうした活力に満ちた激動の時代背景と切り離して考えることはとうていできず、むしろ相当に深くかかわった行動をみせていたのであり、それが彼らの魅力ともなっている。重源や栄西についての研究は、それぞれすでに膨大な蓄積があるが、両人を別個に論じるのではなく、二人をあわせてみることで、これまで十分に目を向けられなかったあらたな視野も開けてこよう。重源も栄西もよく知られた人物であるだけに、教科書風の単純化されたイメージがそのまま固定化され「伝統化」するきらいがないでもない。私たちは、二人がともに経験した時代状況というものをとくに念頭におきながら、両者を見比べつつその足跡をたどることで、これまでとは異なった二人の相貌に接しその魅力を説き起こしてみたい。

①——二人の出会いまで——山で修行の仏法者

二人の出自

重源と栄西が直接の交わりをみせるのは何度かあるが、その最初が一一六八(仁安三)年、異国の地、南宋は天台山付近でのことであった。二人の出会いが平氏の政治的台頭期のことで、しかも中国仏教の聖地近くであったというのは、象徴的でありたいへん興味深い。ただその前に、まずは出会いにいたるまでの二人の足跡を確認しておこう。

両者の出自としては、重源の父は紀季重とされ、紀長谷雄▲の末裔で代々朝廷の武官の家柄であり、一方の栄西は備中吉備津宮の神官を輩出した伝統的名族の賀陽氏であった。重源の出自を示す「紀氏系図」の一本や「周防阿弥陀寺略縁起」では、重源と栄西が兄弟であったとするが、事実とはいえまい。とはいってもこのような記載があること自体、二人に親近性を認める見方が確実に存在していたことをものがたっている。

「紀氏系図」によると、重源の近親者には、滝口・院の武者所をつとめ、右馬

▼**紀長谷雄**　八四五〜九一二年。平安時代の漢学者。朱雀門に棲む鬼との双六勝負で美女をえるが、水となって流してしまった逸話(長谷雄草紙)で知られる。

允や衛門尉になっている者が多く、社会階層としては明らかに武人といえる。これは同時期の有名な歌人僧の西行や神護寺再興に活躍した荒聖文覚などとも同一の社会階層に属すものであり、はなはだ興味深い。

一方、栄西をだした賀陽氏は吉備津宮神官の一族として知られるが、古く賀陽国造にまでさかのぼる由緒をもち、備中国賀陽郡を本拠とする豪族である。九世紀末にはその一族が郡内の行政・神祇や軍事の枢要な地位を占めていたことも確認できる(三善清行「善家秘記」)。さらに一一六九(嘉応元)年、有名な「賀陽郡足守荘絵図」の裏書にも、荘官として「散位賀陽朝臣」がみえるなど、一貫してこの地域の名族であった。また、栄西の母方一族にも同様の性格がみてとれる。栄西の母は「田氏」とあって(『元亨釈書』栄西伝)、これは「田使氏」のことと考えられるが、この姓は六世紀半ば欽明天皇の時代に、蘇我稲目とともに吉備に赴き白猪屯倉を設置した葛城山田直瑞子が「田令」とされたことに淵源しており、その末裔が備前国津高郡を本拠として続いていたものである。この田使氏は、平氏の有力家人として名高い備前国住人難波経遠・経房兄弟ら難波氏の本姓にほかならず、さらにこの難波一族は備前吉備津宮の神官一族で

▼**西行**　一一一八〜九〇年。俗名佐藤義清、鳥羽院の北面の武士であった。父は左衛門尉佐藤康清。遁世して多くの和歌を残す。『山家集』は代表作。

▼**文覚**　一一三九〜一二〇三年。俗名遠藤盛遠、摂津渡部党の武士。出家後、神護寺・東寺の再建に活躍。また頼朝に挙兵をうながしたとの逸話も有名。

▼**『元亨釈書』**　一三二二(元亨二)年成立の仏教史書。禅僧の虎関師錬著。

もあったとされている（太田亮『姓氏家系大辞典』、『古代氏族系譜集成』、鈴木真年『百家系図』など）。「小松殿（平重盛）侍」の田使俊行（字難波五郎）が京武者として活動していたことも確認されている（川合二〇〇四など）。国こそ異なるものの、備前国津高郡と備中国賀陽郡はたがいに隣接した位置にある。つまり栄西は備中・備前の伝統的な在地有力領主の姻戚関係のなかで誕生したわけである。

さらに付け加えるならば、平安末期、備前も備中もともに平氏の強い勢力地盤となった国であり、難波一族のみならず備中吉備津宮も内乱期には明らかに平氏与同の勢力▲として行動しており、ひいては栄西と平氏との親密さもこのような関係から説明することもできるだろう。

重源も栄西も、いずれも在地領主クラスの家柄に出自をもち、加えて、重源は後述するように村上源氏、そして栄西は平氏という上級の有力者とも関わりがあった。こうした社会的な立場は彼らの動きにもなにがしかの影響をおよぼしたことであろう。

▼**備前・備中と平家与同の勢力**

『平家物語』に清盛重臣として登場する、有名な妹尾兼康と難波経遠・経房はそれぞれ備中と備前の代表的領主であり、すでに保元の乱のとき以来、平家と主従関係にあった。『醍醐雑事記』巻十に、壇ノ浦合戦で義経軍に殺害された人物のなかに「備中吉備津宮神主」がみえる。さらに有名な曽我兄弟の仇討ち事件に巻き込まれて死亡した備前国住人吉備津宮王藤内は、妹尾兼康に誘われて平家方となったために関東で囚人となっていたのである（『吾妻鏡』）。備前・備中の有力在地勢力はおおむね平家方に属していたと思われる。

重源は東大寺僧？

つぎに彼らがそれぞれ入宋するまでの足跡を簡単にみておこう。

重源についていえば、東大寺大勧進としての活動以前は同時代史料がきわめて乏しく、確実なことは残念ながらよくわからない。中尾堯氏は、重源の生涯を三期に分けて整理している。第一期は一一六七(仁安二)年の入宋以前で、醍醐寺僧として活動していた時期。第二期が宋からの帰国後、一一八一(養和元)年東大寺復興に携わるまでで、この時期は高野山を拠点として浄土教と舎利信仰にその特徴がみいだせるという。そして第三期が一二〇六(建永元)年入滅までの東大寺大勧進職として東大寺造営につとめた時期である(中尾二〇〇一)。

重源は東大寺再建活動が突出して有名であるために、ややもすれば彼は東大寺僧であったかのような印象が一般的となっている。伝記としてよく利用される国史大系本『元亨釈書』の頭注部には「東大寺重源」とあり、『本朝高僧伝』での表題も「和州東大寺沙門重源伝」となっているのはその表れだろう。しかしながら、重源が東大寺とかかわるようになったのは中尾氏のいう第三期、六〇歳を超えた老年になってからのことであり、後述するように東大寺僧とのあい

▼**理趣三昧衆**　真言密教の経典である理趣経を一定期間のあいだ、つねに読誦し、願主の罪障消滅を祈ることを役割とする僧衆。

だには微妙な意識のズレもあったことはみのがしてはならない。醍醐寺僧侶の立場からすれば「況や当山出生の重源無くんば、いかでか彼寺(東大寺)建久の造営あらむや」(『醍醐寺新要録』)と、重源はあくまで醍醐寺関係者であるとの認識である。たしかに重源の活動がわかる早い時期のものはいずれも醍醐寺にかかわっていた。一一五二(仁平二)年・五五(久寿二)年・五六(保元元)年には上醍醐円光院で理趣三昧衆▲の一員をつとめていたほか、五五年下醍醐の栢杜堂造立結縁も行っている。上醍醐円光院は白河天皇中宮賢子(源顕房娘)の菩提をとむらったもので、下醍醐栢杜堂は京都市伏見区栢ノ杜遺跡として発掘調査がなされ、八角円堂・方形堂などが確認されている。その願主は「仕度大蔵卿」と称された源師行(源俊房孫)であった。いずれも村上源氏一族にゆかりが深い者であり、重源と彼らとの関係はこのあとも折にふれて確認できるところである(三九ページ「村上源氏略系図」参照)。

重源自身の言葉としても、一一八五(文治元)年敬白文に「初め醍醐寺に住し、後に高野山に棲む」(『東大寺続要録』)と述べており、さきの中尾氏の時期区分を裏づけている。そして、注意したいのは、この敬白文がさらに次のようにみずからの修行のさまを記していることである。

　霊地名山処々、春草纔かに孤庵を結び、巡礼修行年々、秋月只親友と為す。東鄙は奥州の愚民、勧誘に赴いて善心に住し、西遐は鎮西の醜類、教諭に随いて邪執を改む。加之殊に大願力に乗じて、遥かに大宋国に渡り、五臺山に諸(詣カ)で文殊の瑞光を拝し奉る。

中国に渡航する以前、重源は、各地の霊地名山を巡礼修行し、その足跡は東北から九州までにおよんでいた。人びとを「勧誘」「教諭」というようにその行為は後年有名になる勧進活動でもあった。すなわち重源は山林斗藪の激しい肉体修行を行う行者であり、勧進聖という性格もおびていた。

　このことは、彼が晩年にみずから生涯の事績を書き上げた『南無阿弥陀仏作善集』▲によっても確認できる。最初に入寺した醍醐寺では一〇〇〇日間の無言行と六時懺悔を行っている。「浄土寺開祖伝」は、そこで彼は普賢菩薩や諸仏が空中に遍満する霊感をえたという。そして霊地巡礼としては一七歳での「四国辺」を皮切りに、大峰、吉野、熊野、葛城、信濃善光寺、さらには白山立山もめぐっており、如法経書写や千部法華経読誦などを行っている。これは明ら

▼**『南無阿弥陀仏作善集』**　一二〇三(建仁三)年ごろに成立。晩年の重源が生涯の造寺・造仏・施入物など仏教的作善の成果を書き上げたもの。重源の生涯にわたる足跡を知るうえでも基本史料。

かに法華経持経者としての性格を示すものである。

重源にはこのように早い時期から勧進遊行や山林修行者の顔があるが、この側面について従来あまり注目されていなかったことは、とくに中尾堯氏が強調するところであり、菊地大樹氏は、重源のこうした一面にとくに注目して、彼を中世的持経者の代表とまでみなしている（中尾二〇〇四、菊地二〇〇七）。『古今著聞集』▲には醍醐における持経者重源の姿を彷彿とさせる説話が含まれている。

> 東大寺の聖人春舜房は、もとは上醍醐の人なり。そのかみ、上醍醐にて如法経を書きておはしけるに、柿の衣袴きたる法師のいとおそろしげなるが、いづくよりともなくいできたりて、上人をかき負ひて、空をかけりてゆきけり。……またかき負ひて行くかと思ふほどに、上醍醐の本房にうち置きたりけり。これ天狗の所為なり。
>
> （巻十七「東大寺の春舜房、上醍醐にて天狗に淩わるる事」。傍線筆者、以下同じ）

▼『古今著聞集』　橘成季編になる鎌倉時代中ごろにできた説話集。二〇巻からなり平安～鎌倉期の七〇〇ほどの説話をおさめる。

若き栄西の修行ぶり

山林修行者としての性格にあまり注意が向けられなかったという事情は、栄西の場合も同様であろう。一一八七(文治三)年二度目の渡宋時に臨済禅を学んだ以前の栄西は、明らかに山林修行を盛んに行う天台密教僧であった。みずから「遍照金剛栄西」と密教風に名乗った一文のなかで、彼は「備州に生じて少年にて出家す、志は秘密教にありて、多年苦行す」(治承二〈一一七八〉年「誓願寺盂蘭盆縁起」『平安遺文』三八五一)とあるし、著作『出家大綱』▲でも、「二十一歳より始めて満五十歳に至り斗籔すること両朝三十余年」といっている。同書中で栄西は「大峰・葛木・葛川の作法は律制に非ず、これ別事なり。彼を学ぶべからず」とも述べており、このころの栄西は中国留学を終え、戒律を強調する禅僧であったが、大峰以下での霊山修行のあり方を彼が十分に心えていたことをうかがわせる表現である。

栄西「入唐縁起」によると、第一次入宋の際、まず伯耆大山から鎮西に向かい、宇佐宮、肥後阿蘇(八大竜王の居所)、博多唐房、安楽寺、天神、竈門、法(宝)満、筥崎、香椎、住吉に赴いていたこともわかる。鎮西の有力寺社や唐房(唐

▼**『出家大綱』**　栄西著。一一九五(建久六)年ごろ作成、一二〇〇(正治二)年に再治。同門初学者のために斎戒を持して出家するための枢要を記す。中国留学の成果をもとにしながらも日本の状況にてらして叙述している。

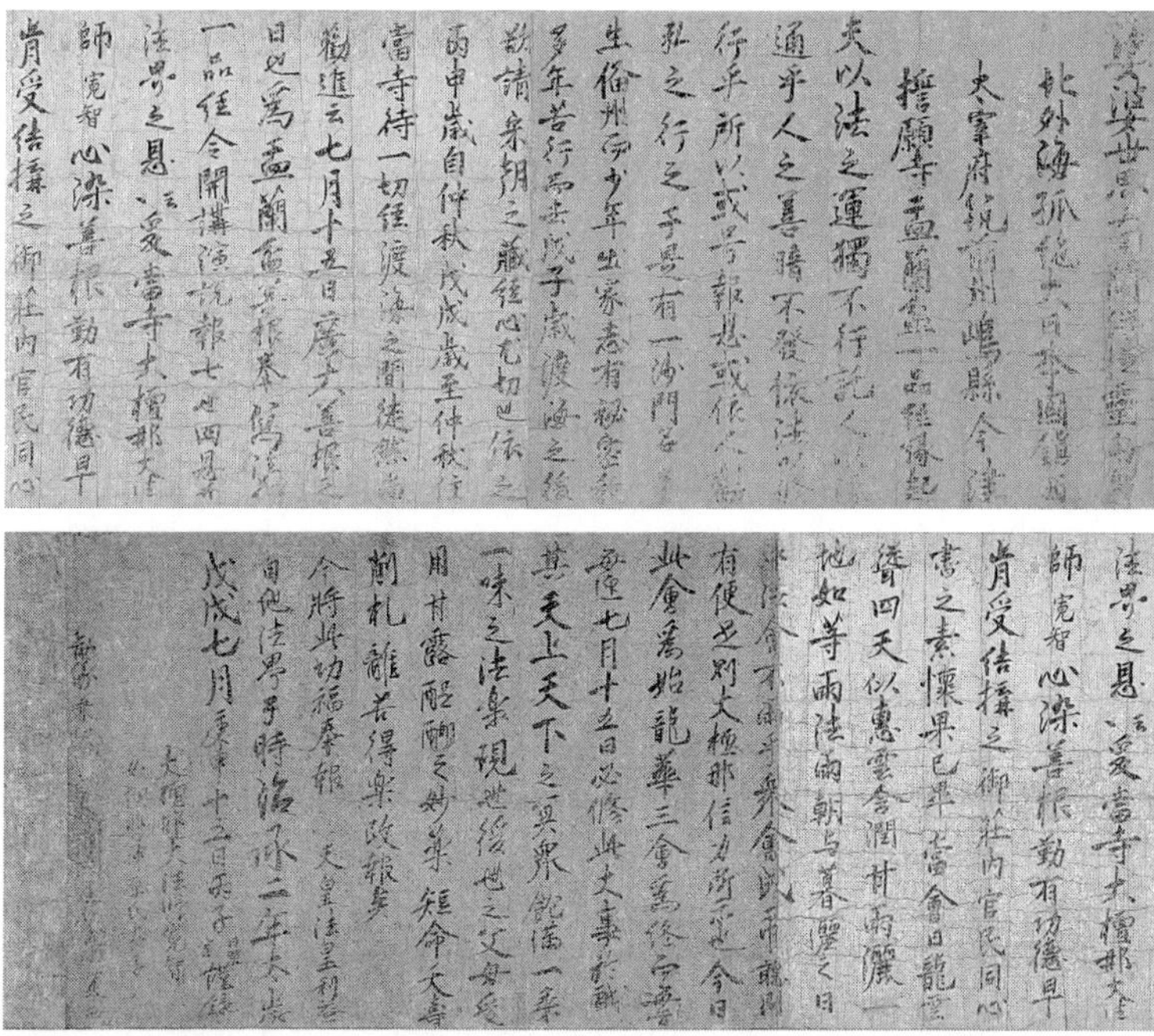

「誓願寺盂蘭盆縁起」 1178(治承２)年７月第１回目の入宋後，筑前今津に滞在した栄西がみずから導師をつとめた盂蘭盆会について記した縁起。上写真の右から８行目よりみずからの足跡を語っている。

人居住区とみなされている）とともに阿蘇山や宝満山など九州の霊山を巡礼していた。最初の渡航は伯耆大山にて唐本小字経をえたことが一つの契機となっていたらしく、これら霊山巡礼も海外渡航にあたってその実現と加護をえるという性格があったようである。禅宗の祖となる以前、栄西には明らかに山林斗籔する天台密教修験者であった。

『元亨釈書』が語る若き栄西の修行ぶりは、重源に比してより具体的である。八歳のとき父から倶舎頌を学び、ついで「郡之安養寺▲静心」に師事している。静心は備中国の名徳であり、三井寺証義阿闍梨の瀉瓶弟子であったが、かつて父がともに三井寺で学んだという間柄であった。その後延暦寺で受戒し、山門と備中国を往来しながら円宗の法を学んでいる。その間、静心が死去するとその遺言によって千命につき、また比叡山有弁から「台教」（顕教）を、顕意からは密教を学んだ。さらに伯耆大山で基好からも秘教伝授されている。この間に伯耆大山と故郷吉備津とを結ぶ山中に位置する備前日応寺（現、岡山市）でも断食修行を行った模様である。

以上のことからわかるように若き栄西の修行の場は、まずは父から手ほどき

▼**安養寺**　「郡之安養寺」（傍点筆者）を多賀宗隼氏はじめ多くは「賀陽郡の安養寺」と解釈して、現在の岡山市日近の安養寺としている（多賀一九六五）。しかしこの「郡」は賀陽郡をさすのではなく、「さと」「現地」の意味と思われ、朝原安養寺（現、倉敷市）とするのが適当だろう。この寺付近の裏山から平安院政期の経塚が発掘されており、「于時応徳三（一〇八六）年春二月於安養寺」とある瓦経願文をはじめ二〇〇枚以上の瓦経や図像瓦、卒塔婆型題籤、素焼きの土製宝塔一基がみつかっている。地域における宗教的聖地であった（岡山県立博物館一九八六、倉敷市史研究会一九九九、久野二〇〇五）。

を受け、その伝手で学ぶという家庭環境を基盤にして、安養寺・伯耆大山寺・日応寺など地域の有力寺院であり、さらに天台宗本寺の延暦寺であった。こうした天台系と考えられる山岳寺院のネットワークのなかで彼の宗教的鍛練が行われていたのである。

地域の時代状況のなかで

重源も栄西もその宗教者としての基礎は山林修行を通じて育まれたといえるのであり、その修行のあり方はよく類似している。彼らは聖教をもっぱら学ぶ修学僧として学業を積み、法会の公請に応じ立身して名僧をめざすというよりも、より実践的な行を行い、山林斗藪や如法経書写、経典読誦によって、その宗教的力能を高め験力を発揮せんとするタイプの僧侶であった。その足跡は、私たちの想像を超えて相当広い範囲におよんでおり、またそこから彼らの宗教的作善、菩薩行というものが具体的な地域の広がりのなかでなされていたことも予想される。

とくに栄西についていえば、彼が学んだころの比叡山では、東塔西塔の武力抗争事件や、神輿を担っての強訴事件があいつぐなど、騒然とした事件が頻発していたころであり、そのような状況に栄西も接していたことが推測される。そうした事態は、さらに伯耆大山においてはいっそう明瞭であった。

伯耆大山も比叡山のような一山三院（西明院・南光院・中門院）で構成されていたが、その三院間でしばしば対立抗争が繰り返されていた。そしてこの対立は、伯耆大山においては地域領主間のヘゲモニー争いと明瞭に連動していた。すなわち、当時、伯耆国の東西で勢力を二分し覇権を競っていた有力領主である小鴨氏と村尾氏は、それぞれ伯耆大山の中門院と南光院と深くかかわっていたのである。小鴨氏が中門院月光坊の旦那であるのに対して、村尾氏は南光院修禅房を師匠として頼みにしていた。▲そしてこの南光院修禅房なる人物こそ、栄西に密教を教授した基好その人なのである。栄西も「伯耆大山寺縁起」のなかに登場してくるが、その性格は種々の奇蹟を起こした密教僧としてであり、なによりも南光院基好の「出藍の弟子」というように、あくまでも基好との関係からであった。基好は台密穴太流・大原流をともに受け継いだ人物で、慈円がわざわざ青蓮院まで招き教授を受けたほどの台密の碩学であった。その一方で、平

▼村尾氏と小鴨氏　村尾氏は、伯耆国西部の会見郡東部を拠点に日野川流域に勢力を扶植し、一方、小鴨氏は「小鴨介」と称することや、その本拠小鴨郷が伯耆国衙に近いことから、在庁官人系の領主で、伯耆国東部の小鴨川流域を勢力下においていたらしい（鳥取県一九七三、網野ほか一九九九）。なお『青蓮院門跡吉水蔵聖教目録』第五四箱一九『瑜祇経 西決』の奥書には、基好の書写本が「治承己亥（一一七九）年四月中、為伯耆在庁元安（＝小鴨基康）、大山騒動之時顕密聖教等尽数為軍兵被取了」とあって、伯耆大山における武力衝突や村尾与同の基好が伯耆在庁官人小鴨基康らによって攻撃されたことなどが確認できる。

「伯州角磐山大山寺絵図」（部分）

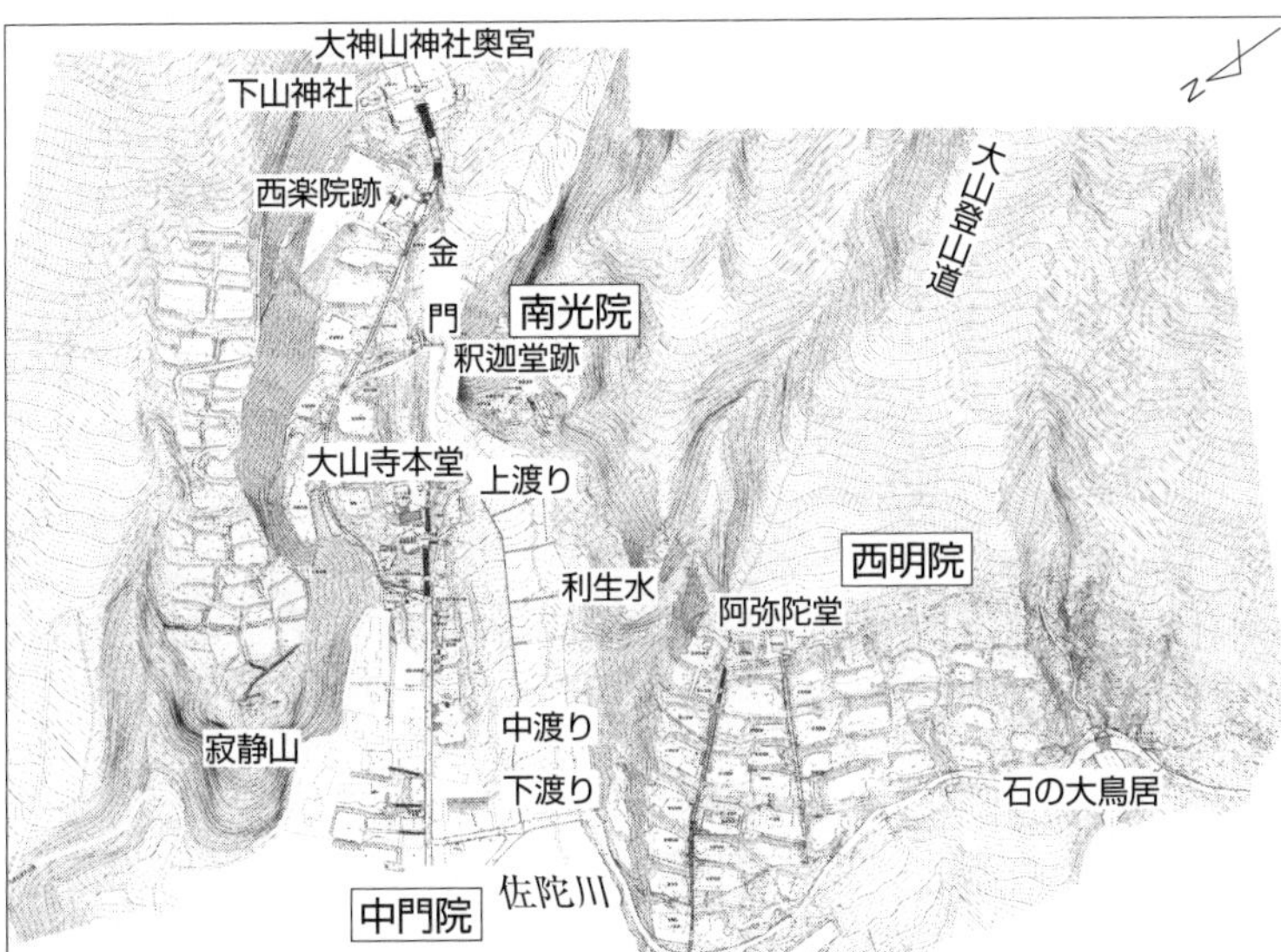

伯耆大山寺の三院　山口剛「伯耆大山寺─山陰の霊峰大山の山岳信仰─」『月刊文化財』518号による。一部改変。

安末の承安年間（一一七一〜七五）に焼失した大山宝殿再建に際しては大行事をつとめるという実務的な活動もみせている。ちなみにこのときの発願者は村尾氏こと「会東郡地主紀成盛」であった（『平安遺文』金石文編四二五）。

　こうした密教修行や地域領主との関わり、さらには具体的な営繕活動への関与など、基好にみいだすことができる性格は、またその弟子栄西のそれでもあった。基好が経験した伯耆大山における紛争や地域領主の覇権争いは、栄西自身も大山や比叡山で接していたものであったろうことは容易に想像できる。このような地域領主の争いが、やがては源平内乱へと連なっていたのであり、そのような現実を基好も栄西も身近にしていたことに留意しておきたい。栄西にはこうした現実世界への関心、その出自の関係もあってか在地領主的な現実的な経営の感覚も存在していたように思う。たとえば、彼はみずからの著作『出家大綱』のなかで「経律論」三蔵を、荘園券文になぞらえて説明し、さらに戒定恵の三学を春耕・夏耘・秋収に見立てている。栄西が勧農や収納など生産のサイクルに対する身近な感覚を備えていたことを示唆するものだろう。こうした現実的な感覚は後年の活動にも反映されていったことであろう。

重源も栄西も諸山各地での修行は大きな意味をもったと思われるが、その際、現実世界とけっして無関係だったのではなく、むしろいろいろな現実と向きあいながら、宗教者としての力量を育んでいたのである。そして彼らの足跡はやがて海外の聖地へと向かう。

②—重源と栄西の出会い——東アジア世界のなかで

明州で知りあう二人

重源や栄西の事績を考えたとき、中国からの新文化摂取ということが大きな位置を占めることはまちがいない。重源が東大寺再建にあたって採用した大仏様の建築様式をはじめとする諸技術、そして宋人の鋳物師や石工などの技術者を編成したことなどがただちに思い浮かぶし、栄西の場合はいうまでもなく臨済禅や茶ということがある。いずれも東シナ海の波濤を越えて渡宋し、直接にかの地で文物や思想文化にふれた成果であるが、このような人びとの往来や文物の交流は、けっして彼らに限ったものでなく、この時代はきわめて活発にかつ広汎にあったことが、近年、ますます注目されつつある。重源と栄西の二人が最初に出会ったのが国内ではなく南宋の地であったことは、いかにもそんな時代の彼らにふさわしいことであった。

重源は、その真偽については論議があるものの、「入唐三度聖人」と自称していたし、栄西の場合は一一六八(仁安三)年四〜九月、そして八七(文治三)年四月～九一(建久二)年七月と二度にわたる渡宋・滞在が確認されている。両人とも複数回の渡航と滞在を経験していたことはまちがいない。彼らの時代、東アジア海域をまたいでの活動は、けっして一回かぎりの偶然的・例外的なものだったのではなく、もはや恒常的になっていたことを十分に示唆している。複数回にわたる渡航や滞在を当然とするような社会的要請があり、また、そうした活動を支える社会のシステムも確立していた。その中核的な役割を担ったのは、後述するような宋人の貿易商人であった。重源も栄西もこうした状況下で活動しており、そして邂逅があったということをまずは確認しておきたい。

二人の最初の出会いについて、「栄西入唐縁起」は次のように記している。

> (一一六八年)四月二十四日明州に到着。その地で別船で前年に到着した重源と出会い、たがいに感動の涙を流した。ともに阿育王山にのぼり、そこで釈尊の舎利が光を放つのをみた。また天台山に詣で生身の羅漢を礼拝することができた。

『元亨釈書』栄西伝では、二人が出会ったのは、栄西が明州をたち、四明山から天台山へ向かう途中の「丹丘」の地であったとしている。いずれにしても二人が出会ったのは浙江省の明州(現、寧波)近くであったことは動かない。浙江省のこの付近は江南における中国仏教の中心地であったが、加えて明州は東シナ海海域における交流の中核的拠点となっており、九州博多とは日宋交流における両国の表玄関であった。日本から入宋する際には明州をめざし、ここをへて中国各地へ赴くのが常であった。後年、曹洞禅で名高い道元▲もこの地にやってきたし、室町時代の雪舟▲もこの地を踏み、彼が描いたというスケッチ図巻「雪舟唐山勝景画稿」には明州のにぎわいぶりがよく伝えられている。

東アジアの仏教聖地をめざして

さて、偶然に出会った二人は、ともに阿育王山・天台山という中国仏教の聖地をたずね、そこで「舎利の放光」や生身羅漢を目撃するという奇蹟を体験した。両地での奇瑞については重源が九条兼実▲に詳細に語っており、重源から宋での体験を聞いた兼実は「此の聖人の躰、実に謗詞無し。尤も貴敬すべきに足るものなり」とすっかり信をおいている(『玉葉』寿永二〈一一八三〉年正月二十四日条)。重源はいう。天台山の生身羅漢は、破戒罪業の者はけっして渡れぬ石梁瀑布

▼**道元**　一二〇〇〜五三年。曹洞宗の開祖。比叡山に学ぶが、のち建仁寺明全のもとで禅を学びともに入宋。世俗の栄達を避け越前永平寺を開き修行。栄西の孫弟子にあたり『正法眼蔵随聞記』には栄西の逸話もみえる。

▼**雪舟**　一四二〇〜一五〇六年。代表的な水墨画の画僧。備中の人。遣明船で渡明、帰国後、山口など中国地方を中心に活動した。代表作に「天橋立図」「山水長巻」など。

▼**九条兼実**　一一四九〜一二〇七年。五摂家の九条家の祖。早くから源頼朝と連携し、親幕派公卿となる。その日記『玉葉』は、平安末〜鎌倉期を探るうえでの基本史料となっている。

天台山の石梁瀑布

阿育王寺舎利殿

10〜13世紀の日本と東アジア

のかなた、さらに奥の銀橋・金橋を越えたところに五一八人が住むが、自分は石梁を渡って彼らを礼する機会をえた。そして阿育王山の舎利塔について、これは阿育王のつくらせた四万八〇〇〇基の塔の一つで、金塔・銀塔・金銅塔がおさめられ、中の舎利がしばしば不思議を起こす。時には丈六の姿で、またあるときは小像であらわれ、光明も発するが、自分は二度にわたってこの神変を経験し、小像の姿と光明を目の当りにした。なお、これらの言については、栄西「入唐縁起」の記載とも共通する部分が多い。

もともと重源の入宋は山西省にある五臺山を礼するためであったという。ところがこのとき、かの地は「大金国」の支配下であったためにこれを諦め、宋人の勧めで天台山阿育王山に向かった。▲そこで、栄西との出会いもあったわけであるが、ちなみに栄西も第二回目の入宋の際、天竺をめざしたものの陸路は「北蕃」の制圧下にあるため、海路に変更している。結局は逆風のために実現できず、かわって天台山万年寺で黄竜派虚菴懐敞から臨済禅を学ぶことになる。

東アジアの国際情勢が重源や栄西の事績にも大きな影響をおよぼしていたことがよくわかる。重源や栄西の意図は、五臺山や天台山、阿育王山という中国

▼**重源の五臺山参詣**　本文の二年後の文治元(一一八五)年敬白文によると「遙渡大宋国、諸(詣カ)五臺山奉拝文殊之瑞光」(『東大寺続要録』供養編所収、文治元年八月二十三日弟子沙門重源敬白)とあって、ここでは重源は五臺山に詣でて文殊菩薩を拝したように記しており、さきの『玉葉』寿永二(一一八三)年正月二十四日条の内容と食い違っている。

の仏教聖地をたずねること、さらには天竺にまでという国際的視野に立つものであった。五臺山は山西省東北部にあって清涼山とも称し文殊菩薩の住所とみなされ、九世紀に入唐求法した円仁▲がその姿を拝したことでもよく知られる。天台山はいうまでもなく天台宗発祥の聖地で、最澄▲もここで伝授を受けた。そして阿育王山はインド阿育王ゆかりの、釈迦の舎利が安置されていると信じられていた。これら海外の仏教聖地には平安時代以来、多くの僧侶が求法巡礼に赴いていたのである。十一世紀末以来、記録上しばらくは入宋僧の姿はとだえるが、十二世紀後半〜末葉、国内における武士勢力の台頭や源平内乱など、社会変動が激しさを増すなか、あらたな仏法を求めて海を越えて大陸仏教にふれ、「入唐法師」「入唐聖人」として彼らは新しい宗教的力能をえたことを誇示し、それを国内に振り向けたのである。

のちに栄西は主著『興禅護国論』▲（第九門　大国説話門）のなかで天竺や宋朝仏教のすばらしさを多数の奇蹟の存在によって語っているが、宋朝についてはさきの三カ所にちなむものであった。まず筆頭に、文殊が獅子に乗って出現する五臺山清涼山をあげる（第一項）。ついで天台山では、生身羅漢が出現しその足跡

▼**円仁**　七九四〜八六四年。第三世天台座主。山門派の祖。最澄に師事し、台密を整備。入唐時の旅行記『入唐求法巡礼行記』は名高い。

▼**最澄**　七六七〜八二二年。日本の天台宗創始者。比叡山延暦寺を開く。伝教大師とも。

▼**『興禅護国論』**　栄西の代表的著作。一一九八（建久九）年成立。書名が示すように禅を一派として独立させ興隆することで国家や天下の護持を主張する。

も光明を発する(第二項)、石梁瀑布のところに青竜が出現し雨をふらせる(第三項)、天台山国清寺をはじめ聖跡が存在する(第四項)、天台山の東掖山に普賢が光を放つ(第十四項)、など。そして阿育王山については、舎利が光を放つ(第五項)ことや鱺鰻があらわれ降雨をもたらす(第六項)ことを列挙する。栄西が述べる奇特の第一・二・五項は、重源が九条兼実に披露したこととも一致する。これ以外の奇特は、僧の威儀が乱れていないことや、寺中寂静など、いずれも全般的な事柄である。

栄西はこうした美点を連ねて、「日本国の人、常の諺に云く、天竺・唐土は仏法すでに滅す、我が国のみ独り盛んなり、と云々」という国内の風潮に対して、それを笑止千万、無知のしからしむるところだと強く批判している。宋朝仏教の奇特を指摘しつつ、また天竺における釈迦の聖蹟(八塔)の現存を強調するなど、宋朝仏教やインド仏教への思慕は、ひとかたならぬものがあった。インドや中国の仏教聖地に巡礼して菩薩や真身が説く正法に直接にふれ、それによって罪障を消去し悟りの境地へいたり、さらには善根成就の場として極楽浄土へのステップとする。聖地を踏み奇跡にふれるということは、まことに大きな宗教的意味と自負をもたらしたのである。

大陸からの文物導入

新しい仏法導入は、即物的には仏像聖教類などの文物請来でもあった。さきの『興禅護国論』がいうように、宋朝仏法の奇特として、かの地の仏殿に住するのは生身の仏のごとくであり（第十五項）、経蔵・僧堂の荘厳は浄土のごとくであった（第十八項）。そのようなすばらしい仏や経典・荘厳具が請来された。たとえば、その一端は重源が晩年にみずからの善根を列挙した『南無阿弥陀仏作善集』からも読みとれる。同書には彼が施入した「唐本」「唐仏」が散見する。列挙してみよう。

(1)上醍醐経蔵一宇を造立し、そこに「唐本一切経一部」を安置。これは福建省で開版された宋版一切経六〇九六帖で、今も醍醐寺に現存するものである。

(2)東大寺別所に安置した一切経二部のうち一部が「唐本」。

(3)高野山新別所に安置した「三寸阿弥陀像一躰并観音勢至」は「唐仏」。

(4)同じく高野山新別所に「十六羅漢像十六鋪唐本」、「又十六羅漢像十六鋪唐本墨画」。
(5)河内国に安置した「三尺木造阿弥陀仏」(唐仏)。
(6)笠置般若台寺に「唐本大般若一部」を施入。

ここにみえているものだけでも、六〇〇〇巻を超える一切経を二セット、六〇〇巻の大般若経一セット、三寸という小ぶりの阿弥陀三尊、三尺の阿弥陀仏、そして一六羅漢像二セットを数える。

栄西の場合も、最初の帰国時「天台新章疏三〇余部六〇巻」をもたらし天台座主明雲▲に捧呈したことが『元亨釈書』に記されているし、二度目の入宋までの多くの時間を博多湾周辺の近くですごしたのも、栄西が「渡海の後、宋朝の蔵経を請わんと欲する心がもっとも切」に、「一切経の渡海を待って」のことであった(「誓願寺盂蘭盆縁起」)。

交流を担う入宋僧と宋商

そしてこのような海外からの文物導入には、それらを担う人びとの存在が、

▼**明雲**　一一一五〜八三年。一一六七(仁安二)年に第五十五世天台座主に就任。一一七七(治承元)年延暦寺衆徒強訴の責めを受け、流罪となるが、衆徒が途中で奪還した逸話は有名。清盛ら平氏に近い立場をとっており、木曽義仲の法住寺合戦の際、流れ矢で死去。

当然ながら、あった。

重源や栄西の渡航は、東シナ海海域で活動していた宋人商船によった。『元亨釈書』によると、栄西の第一回目入宋は「商船」、第二回目の帰国時は「揚三綱」の船であった。彼らに先立った入宋僧の場合も、一〇七二(延久四)年三月の成尋は船頭が南雄州の曽三郎・福州の呉十郎・泉州の鄭三郎らになる「唐人の船」(『参天台五臺山記』)、八二(永保二)年戒覚も大商客劉琨の「唐船」を利用している(『渡宋記』)。遣唐使廃止以後、正式な国交はとだえていても、こうした商人の船が盛んに往来していたわけだが、商船である以上、その主眼は貿易にあった。重源や栄西の入宋に際してもそのような側面と密接不可分であった。十三世紀初頭の説話集『古事談』▲には、重源の入唐に関して次のようなくだりがある。

東大寺聖人舜乗坊、入唐の時、教長の手跡の朗詠を持ちて渡る。唐人、育王山長老以下これを見て、感歎極まり無し、其の中に天神の御作、「春之暮月々之三朝」の句、殊に以て褒美し、感懐に堪へずして、遂に乞ひ取りて育王山の宝蔵に納む、と云々。　(巻三―一〇五〈岩波新古典文学大系〉)

▼**『古事談』**　鎌倉初期に成立した説話集。源顕兼編。貴族社会の逸話や有職故実などを語り、その後『続古事談』もできるなど、後世にも影響をあたえた。

重源が、能筆で知られる藤原教長筆の『和漢朗詠集』▲を携えて入唐し、阿育王山宝蔵におさめたという。真偽はともかく、重源の入唐が、単に求法の仏教聖地巡礼だけでなく、このようなモノを介した交流もあったことはまちがいなかろう。

『南無阿弥陀仏作善集』には、この阿育王山の舎利殿修復のために周防国の材木を寄進したことを記しているし、同様に栄西も中国五山の天童山景徳寺千仏閣修造のために日本の材木を送っていた。さらに栄西門流に連なる東福寺開山円爾も、博多居住の宋人謝国明と連携して径山（径山興聖万寿寺・杭州）に木材を「喜捨」していたが、これは貿易にほかならなかったことも明らかにされている（榎本二〇〇八）。南宋における経済発展が木材不足を引き起こし、日本産の材木が重要な貿易品となっていたことが近年いわれており、こうした状況と彼ら入宋僧の存在が深くかかわっていたのである。

仏教信仰の色彩をおびた国際的経済交流▲といえば、『平家物語』にみえる平重盛▲の阿育王山への金施入の逸話もそれにあたる。平家の悲劇的な未来を予見していた重盛は、自分がいくら善根を積んでも、後世、祈ってくれる子孫はい

▼**『和漢朗詠集』**　平安中期に成立。和漢の名句・名文を集めて四季題目によって編集したアンソロジー。必須の和歌詩文集として広く享受された。

▼**仏教信仰の色彩をおびた国際的経済交流**　近年の研究によると、重源と栄西は仁安年間（一一六六〜六九）の在宋中に阿育王山の舎利殿建立を請け負い、後白河院・平清盛の援助を受けた、との注目すべき意見が提出されている。本文であげた『平家物語』の重盛逸話も、この舎利殿建立に関連するものだという。重源・栄西の建立事業は日宋交流史上、きわめて大きな意義をもつことになる（渡邊二〇一〇）。

▼**平重盛**　一一三八〜七九年。清盛の嫡男。『平家物語』で性格温厚な人物として父を諫める人物として描かれる。

ないだろうと、大宋国での修善を企図する。その対象としたのが阿育王山であり、奥州気仙郡からの年貢金一三〇〇両を、同寺僧侶に喜捨するとともに宋皇帝にも送り阿育王山の供田寄進を願ったという(『延慶本平家物語』)。その人柄を見込まれて使者となったのが鎮西博多の船頭妙典であった。『源平盛衰記』は、この人物を「唐人」であったとしている。

阿育王山と悲劇的イメージの為政者といえば、鎌倉幕府の三代将軍源実朝▲の渡宋船建造もそうであった。大仏鋳造に活躍した陳和卿▲から、前世で「宋朝育王山長老」であるといわれた実朝は、阿育王山参拝のための大船建造を命じる。船は完成したが進水せず浜辺でくちてしまったという有名な逸話である。宋の阿育王山が、人びとになじみ深い存在となっていたことがよくうかがえるものだろう。平重盛のエピソードにみいだせる諸要素、すなわち鎮西博多船頭を介した平家一門と日宋貿易、奥州産の金輸出、さらに阿育王山への思慕などは、まことにこの時代にふさわしい。

重源や栄西の渡航は、このような世界に連なっていた。栄西の渡航の後援者として平頼盛▲の存在をあげることは『元亨釈書』栄西伝などによって早くからい

▼**源実朝**　一一九二〜一二一九年。頼朝と北条政子のあいだに誕生した鎌倉幕府三代将軍。兄頼家のあとを受けて将軍となったが、その遺児公暁に暗殺される。万葉調の和歌をよくし、家集に『金槐和歌集』がある。

▼**陳和卿**　生没年不詳。宋の工人。東大寺大仏の鋳造に活躍したほか、鎌倉で将軍源実朝に渡宋を勧め船を建造するが、進水できず失敗した。

▼**平頼盛**　一一三二〜八六年。平清盛の異母弟。母は平治の乱後頼朝の命請いを行った池禅尼。源平争乱の際、平家都落ちに同道することなく独自に行動し、頼朝にも接触して没官領を返却された。

われてきたが、近年ではさらに重源の入宋についても同様の可能性が指摘されており、さらにこれが十一世紀末以来の断絶後、久方ぶりの入宋僧であり平氏や院(いん)権力の外交志向を受けたものではなかったかとの意見もだされている(五味一九九五、榎本二〇〇六、横内二〇〇八)。彼らの渡宋があらたな仏法を学ぶというレベルのみでない広い社会的背景のもとにあったということは、いくら強調しても強調しすぎることはないだろう。

宋人の技術者・商人

渡航に際して宋商船を利用しえたことは、同時に宋人らとの人脈の存在をものがたる。重源の東大寺再建活動において、宋人技術者がいたことはよく知られているが、栄西の周辺にも何人もの宋人が確認できる。たとえば、一一六八(仁安三)年、渡海を試みて博多におとずれた栄西に、宋朝の情報を伝えた李(り)徳昭(とくしょう)がいる。彼は「博多唐房(とうぼう)」に住する「両朝通事(つうじ)」であり、禅宗(ぜんしゅう)が宋で流布していることや、東京(とうけい)(北宋の首都開封(かいほう))で出会った梵(ぼん)僧のようすを栄西に語った(『興禅護国論』「入唐縁起」)。両朝通事であったから、当然、栄西に語学の手ほどきをしたこともあったであろう。

また、張国安なる人物も重要である。これもやはり鎮西博多津にいた人物で、第二回目の帰国後、禅を弘めようとしていた栄西に対して、張国安はかつて南宋臨安の霊隠寺仏海禅師に聞いた予言を告げる。すなわち禅宗が東漸して日本で弘通することや、それを実現するのは西来の「東海の上人」だというものである。ここにいう上人こそ「予を除いて誰ぞや」と栄西は誇らしげに記している(『興禅護国論』「未来記」)。さらに張国安は栄西が博多に聖福寺を創建するにあたって後援した博多綱首の一人でもあった(川添一九八八、大庭二〇〇一)。

重源や栄西と、そして博多宋商人がかかわった国際的な文物交流のさまを考えるうえでたいへん示唆的な逸話が、「日吉山王利生記」(『続群書類従』二下)に含まれている。

「東大寺大勧進の聖俊乗坊」が「鎮西博多津の前通事李宇」の力を借りて一切経を入手し、建久五(一一九四)年十一月七日無事に東大寺に迎えたてまつった。時に、南都の息女に日吉山王十禅師が依託し、一切経がわが社壇にないことが恨めしいと告げる。李宇らはこの託宣を信じなかったために山王の祟りで病気になる。そこで「葉上僧正栄西于時阿闍梨」に一切経奉請の願書を書かせるとたちまち治癒し、建久七(一一九六)年春、李宇は使者を大宋国へつかわし、明州で経本を入手する。善神の加護により風波の難にあわず無事に着岸し、同年十一月二十二日日吉社社頭へもたらされた。この一切経は大宋国福州東禅院の官本で、黄巻の軸に紺紙の面、綵縷の紐、金字の題が付されていた。以上の縁起は、宝地房証真が法成寺探題をつとめたときに宿所にきた「船頭李宇」が子細を語ったものという。

博多津の貿易商人李宇による宋一切経輸入の顚末を語るものであるが、重源と栄西、加えて天台学僧宝地房証真という著名人が顔をそろえている。これらの人びとを結ぶ位置にいるのが宋商人李宇である。一一九五(建久六)年三月の東大寺供養を背景に、南都北嶺と博多、さらに宋国をつないでいる。東大寺大勧進の重源、臨済禅開祖ではなく治病阿闍梨の栄西、また李宇も一一九五年の東大寺大仏供養勧賞をえた実在の人物であった(藤田二〇〇〇、横内二〇〇八)。東大寺供養に際し、大仏殿に唐本一切経が安置されたことといい(『東大寺続要録』供養編)、虚実がまじりあっているものの、「日吉山王利生記」の説話は、当時の状況について、相当程度まで現実を反映した一つの社会的記憶と評価してもいいと思われる。

泉福寺の梵鐘銘から

重源や栄西と東アジア世界の関わりには、まことに興味深い背景が認められたわけであるが、帰国後の彼らがただちに華々しい活躍をしたわけではなく、その動きを伝える史料はさほど多くない。とくに重源の場合は、一一八一（養和元）年東大寺造営勧進の宣旨を受けて東大寺再建に邁進するまでの動きはあまりはっきりしない。わずかにそのあいだの事情を示すのが、現在高野山の西側山下に位置する泉福寺（和歌山県海草郡紀美野町）に伝わる安元二（一一七六）年銘の梵鐘である。もとは高野山延寿院に施入されたもので、その池間に記されている陽刻銘がこれまで多くの注目を集めてきた。

高野山延寿院
奉施入鐘一口
為僧照静・僧聖慶・源時房

尼妙法兼法界衆生也、

安元二年二月六日

勧進入唐三度聖人重源

願主尼大覚

延寿院は現在寺址不明だが高野山西院谷にあったとされ、覚鑁弟子の融源が開いたという。つまり一一六八（仁安三）年の帰国後、重源が高野山を拠点に活動していた痕跡を示すもので、「初め醍醐寺に住し、後に高野山に棲む」（『東大寺続要録』）との重源の言葉を裏づける。

ここで注目されてきたのは、「勧進入唐三度聖人重源」との名乗りや、登場する人名がいずれも村上源氏ゆかりの人びとだということである。

前者については、「勧進」と「入唐三度聖人」という二つの要素が重源自身の自己規定として、強くアピールされている。栄西も最初のわずか半年たらずの滞在後、「備前州日応山入唐法師栄西」（「今津誓願寺創建縁起」承安三〈一一七三〉年）とか「渡宋巡礼沙門　智金剛栄西」（『出纏大綱』承安五〈一一七五〉年）と称していた。顕貴な出自をもつ僧侶は、竪義論義の階梯を踏み公請出仕の実績を重ねるこ

村上源氏略系図

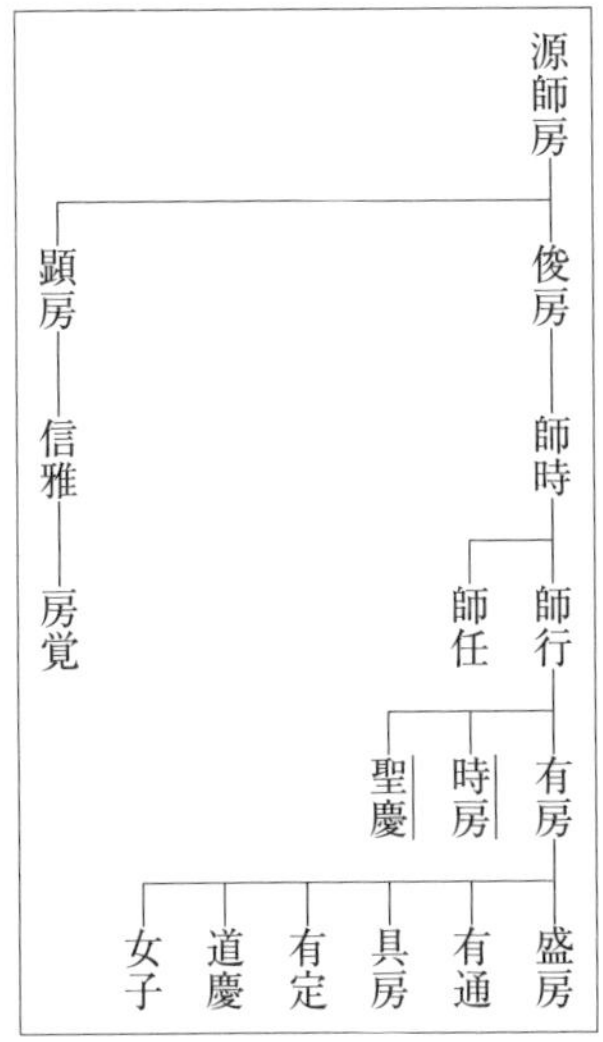

泉福寺の梵鐘　「勧進入唐三度聖人重源」の文字がみえる。

▼**重源の「入唐三度」** 近年、渡邊誠氏は重源の入唐時期についてあらたに具体的な試案を提示している(渡邊二〇一〇)。

とで昇進栄達をはかり「名僧」となるが、そのような条件をもたぬ僧侶にとって、渡宋実績は大きな可能性をあたえるものであったろう。重源の「入唐三度」▲については、その渡宋を確認できるのがわずかに栄西と出会った際のもののみであることから、真偽については以前から論議を呼んでいるが、これまで少しみてきた当時の東アジアの交流の盛んなようすを思うと、その蓋然性は高いと思う。

つぎに後者の村上源氏と重源との関係に移ろう。銘文によると、この梵鐘は尼大覚が「僧照静・僧聖慶・源時房・尼妙法」の菩提を願ってのものであるが、尼大覚は源師行の妻であり、ここにみえる人物は彼らのあいだの子息であろうと推測されている(五味一九九五)。そして源師行というのは、さきに述べた下醍醐栢杜堂の願主仕度大蔵卿その人にほかならない。後年になるが、東大寺南大門仁王のうち吽形像の頭部内の墨書銘には右大臣師房・左大臣俊房・源中納言師時・源師任の名前がみえており、さらに同像に納入された「宝篋印陀羅尼経」奥書にはその結縁者として房覚・源有房・源有通が発見されている。重源と村上源氏、なかでも一族のなかでは傍流となる俊房系の人びととの長期にわたる関係がうかがえ、こうした親密さから重源の渡航に際しても彼ら一族の後援が想定されるところである。

また、僧聖慶はこの前年に二二歳の若さで死去しているが、みのがせないのは彼が東大寺の有力子院である東南院院主だったということである。というのも、後年(一一九七〈建久八〉年)に重源はみずからの活動成果である寺領・堂舎・別所を東南院主に譲与する譲状を作成しており、重源にとって東南院はその没後を託す存在であったからである。東南院は醍醐寺を開いた聖宝を初代とする三論・真言宗の本所として十世紀初頭に草創されるが、その第九代(東南院院務次第による)院主覚樹(一一三九〈保延五〉年没)以来、恵珍・聖慶・道慶(八九〈文治五〉年没)と代々村上源氏の出身者が院主となっており、さらに道慶から勝賢の院主交替に重源の関与があったらしいことも想定されている(藤井一九八一)。村上源氏—醍醐寺—東大寺東南院という関係がここにうかがえ、そしてこれらはいずれも重源にとって深い関わりをもっていた。また重源と東大寺との具体的な接点もここからみえはじめるのである。

筑前で活動する栄西

さて、つぎに一一六八(仁安三)年帰国後の栄西である。彼は、帰国後、天台座主明雲に大陸で入手した聖教を捧呈しておおいに称賛されたことはさきに述べたが、その後、一一八七(文治三)年に二度目の本格的入宋を果たすまでのあいだは、おもに鎮西筑前にとどまっていたようである。渋谷亮泰編『昭和現存天台宗書籍綜合目録』からは、そんな彼の足跡の一端が含まれている。たとえば妙法院に伝わる皇慶撰「金剛界大灌頂随要私記」奥書には「承安三(一一七三)年癸巳五月、筥崎宮今山別所において、備州入唐聖人葉上御房の御本を以て、書き了んぬ」とある。川添昭二氏はこの記載から、一一七三年に栄西が天台系今山別所にいたと推定し、ここをのちの妙徳寺(現、福岡市東区馬出所在)に比定、加えて栄西と筥崎宮との関係にも注意を向けた(川添一九八八)。このほかにも同目録から栄西が密教聖教の著述に励んでいたことはうかがえる。一一七五(安元元)年には「胎口決」一巻や「出纏大綱」一巻、七九(治承三)年には「菩提心別記」一巻、八〇(同四)年「結縁一遍集」一巻というように、なかなか精力的である。

そして栄西撰「法華経入真言門決」には「治承二(一一七八)年戊戌於鎮西筑前州今津……」(『昭和現存天台宗書籍綜合目録』)とあるが、ちょうどこの年の七月十五日執筆されていたのが国宝「誓願寺盂蘭盆縁起」である。一一七六(安元二)年中秋以来、今津誓願寺に滞在していた栄西は、同寺の盂蘭盆会に際し、法華経供養を勧進してその功徳縁起をまとめたのである。鎮西今津は博多湾を東に臨み、まさに大陸との窓口としての機能をもつ地であり、宋朝からの蔵経など文物や情報を切望して待機していた栄西にとってまことにふさわしい場所であった。誓願寺は前年に完成したばかりで、そのときの落慶供養阿闍梨も栄西が請じられて金胎両部合行の斉席をつとめていた(「今津誓願寺創建縁起」)。

誓願寺の本尊丈六阿弥陀如来は、誓願寺落慶に先立つ二年前、周防国杣人を呼びよせ素木を誂えて造像したものであったが、実はこれに重源が結縁していたことが『南無阿弥陀仏作善集』で確認できる。重源が修造造立した大仏・丈六像のなかに「鎮西今津一丶(躰)」があげられ、同書の別のところでは「糸(怡土)御庄において、丈六に結縁したてまつる」とあるのがそれにあたる。

栄西は、少なくとも一一七三年以降十数年間、鎮西博多周辺に腰をすえて活

▼栄西と今津誓願寺　栄西の今津誓願寺の長期滞在について、川添昭二氏は仁和寺の存在に着目している。すなわち今津は仁和寺領怡土荘に含まれ、栄西が仁和寺と関係があったことから同荘内の今津での誓願寺創建にかかわったのではないかという(川添一九七六)。

動していたことになるが、これはまさしく「源平合戦」という未曽有(みぞう)の戦争期にあたっており、栄西が都(みやこ)周辺を避けて鎮西ですごし、大陸へ目を向けていたことを示す。そして、そんな東アジア世界に開かれていた鎮西博多湾周辺においても、帰国後の重源と栄西のあいだには、なおも具体的な接点をもっていたのである。この両者の関係はやがて東大寺再建の動きのなかでいかされることにもなる。

③内乱の時代を越えて——東大寺再建と造東大寺大勧進

内乱による大仏焼失とその再建

奈良東大寺大仏や大仏殿の巨大さは、今もわれわれを驚嘆させるに十分である。人力だけでよくも、と思わずにはいられない。周知のごとく、この巨大建造物はこれまで二度の大きな戦火にみまわれた。最初が一一八〇(治承四)年末、平重衡軍の南都攻撃▲によるものであり、二度目が一五六七(永禄十)年十月十日夜、松永久秀軍と三好三人衆との戦闘▲にともなうものである。

現在われわれが眼にする大仏および大仏殿は、江戸時代の東大寺公慶▲上人らの熱心な勧進活動の成果によるもので、一六九二(元禄五)年に大仏開眼供養が、そして大仏殿は一七〇九(宝永六)年に落慶供養がそれぞれ盛大に行われた。近世におけるこの復興事業は現在につながる社寺観光都市奈良の基礎を形づくったとも評されている。

この公慶上人がよるべき前例としてあおいだのが、ほかならぬ俊乗房重源であり、その東大寺再建事業であった。しかし、両者の再建活動には際だった

▼**南都攻撃**　一一八〇(治承四)年五月の以仁王・源頼政の蜂起以来、反平家の姿勢があらわとなった興福寺など南都勢力を制圧するために平清盛の命を受けた平重衡軍と南都大衆が武力衝突し、その折に東大寺・興福寺の大部分が焼失した。

▼**戦闘**　畿内の覇権をめぐる松永久秀と三好三人衆(三好長逸・三好政康・岩成友通)の対立で、一五六七(永禄十)年十月東大寺に本陣をおいた三人衆・筒井順慶軍に松永軍が攻撃をしかけ、この戦闘で大仏殿は焼失、大仏も「湯」になって融け落ちた。

▼**公慶**　一六四八〜一七〇五年。江戸時代、広範な勧進活動を行って大仏復興の立役者となった。東大寺竜松院の僧侶。

違いがあった。それは再建の速さであり、再建をめぐる時代状況の差異である。重源の場合は、大仏開眼が一一八五(文治元)年、すなわち焼失後五年で実現させており、さらに大仏殿完成はその一〇年後の九五(建久六)年のことであった。江戸期の場合は、大仏開眼供養は焼失後なんと一二五年後のことであり、大仏殿落慶供養まではその後さらに一七年を数えている。その間には、秀吉による京都東山大仏の造像▲ということもあったから単純な比較はできないが、それにしても東大寺大仏再建までの時間経過に、当時の人びとや社会が東大寺大仏によせた思いの強さや切実さを読みとることは許されよう。時代状況を想起するとき、この思いはいっそう強くなる。江戸期のそれは、戦乱が終息して泰平の世となって以降、将軍は五代目を数える綱吉治世であったのに対して、中世のそれは、なお源平内乱が継続しているさなかのことであり、戦闘が続くなか、同時進行で事業が進められていたのである。

大仏鋳造を開始した一一八一(養和元)年は、「炎旱・飢饉・関東以下諸国謀反、天変怪異」によって治承から養和への改元があったように、災厄に満ちた年であった。その後一一八五年八月の大仏開眼供養にいたるまでのあいだとい

▼**京都東山大仏の造像**　豊臣秀吉が京都東山の方広寺につくらせた木製大仏。一五九五(文禄四)年に完成するが、翌年、地震で倒壊した。

えば、平家都落ちと源義仲入京、義仲の没落、鎌倉軍の義経入京、さらに西海におけるあいつぐ源平合戦と、まことにめまぐるしい政治変動と大量死をもたらす戦闘が打ち続いた時期にあたっていた。

戦争継続下にありながら、短期間のうちにこの巨大な再建プロジェクトが推進された事実はたとえようもなく重い。これを可能にしたのは、一つには海外からの新技術・新様式の導入編成ということがあり、そして、この大仏再建事業が東大寺再興にとどまらぬ、より広汎でかつ切実な意味合いをもつ社会政策であったからにほかならない。

重源・栄西と宋人技術者たち

まず前者についてみよう。一一八三(寿永二)年正月下旬、九条兼実と初の対面を行った重源は、四月には大仏の鋳造なるとの見通しを告げているが、これは「ひとえに唐の鋳師の意巧を以て成就」ということであった。当時の日本の鋳物師の技術力をもってしては、もはや巨大な大仏鋳造は困難になっていたのだろう。ここでいう「唐の鋳師」こそ有名な宋人陳和卿である。

陳和卿は「大宋国の鋳師陳和卿、商沽のために日域に渡る」(『東大寺続要録』造仏篇)とあるように、もともと商人として来日していた。数年間の滞在後、一一八二(寿永元)年に帰国のため鎮西にいたが、船が破損したために果たせなかった。そのときに重源の要請によって上京し、この事業に参加することになったという。『玉葉』は「誠に是れ神の助け、天の力なり」と陳和卿の存在がいかに大きかったかを伝えている。

ところで、このころの鎮西には、前節でふれたように、ちょうど栄西が滞在し、大陸からの文物や情報を求め、著作活動を行っていた。重源と栄西の間柄や、栄西と博多の宋商人との親密な関係を想起すれば、重源と陳和卿とを結びつけた人物として栄西を想定しても不自然ではなかろう。宋商人李宇の場合にうかがえたのと同様の人的関係が陳和卿の場合にも存在した可能性は十分にある。陳和卿は重源没後、鎌倉で三代将軍実朝に近づき、結局無駄に終った巨大唐船を建造させた逸話がよく知られているが、それまでの行動が今一つ不明であった。しかし、重源の跡を継いだ大勧進栄西、さらに三代目大勧進行勇▲(栄西門弟)のもとでも、陳和卿が召し使われていたらしいことが新史料によって

▼**行勇** 一一六三〜一二四一年。字は退耕、荘厳房と称す。寺門派密教を学び、鶴岡八幡宮の供僧となるが、栄西の弟子となり、その跡を継いで東大寺大勧進職をつとめる。幕府とも関係が深く、源実朝の菩提をとむらう高野山金剛三昧院の第一世となり、鎌倉には浄妙寺・東勝寺を開く。

確認されており（「東大寺大勧進文書集」一七号）、陳和卿が親密な関係にあったのは重源だけではなく、栄西についてもそうであったことが考えられる。陳和卿が鎌倉に赴くのも重源没後というよりも、正確には栄西没後のことであった。以上のことからみても、陳和卿の大仏再建事業参加の契機として栄西の存在を想定することは十分に可能なのである。

陳和卿のほかにも、重源のもとで活躍した宋人技術者としては、伊行末をはじめとする伊派の石工集団がよく知られている。現在、東大寺南大門北側にすえられている一対の石造獅子が彼らの作で、その風貌や台座表現に宋代の特徴が色濃く認められている。「東大寺造立供養記」には、一一九六（建久七）年宋人字六郎ら四人が東大寺中門石獅子、堂内石脇士、同四天王像を造像したとあり、この石獅子が現在の南大門にあるものと思われ、宋人字六郎が伊行末と考えられている。同書によると国産石材ではつくりがたいということで、わざわざ宋から石を運び、その運賃雑用が三〇〇〇余石もかかったという。山川均氏は、日本・中国にわたっての石材調査を踏まえて、その材質が砂岩で中国泉州（現、福建省）産であるとして、この記述の正しいことを確認し、さらに伊行

東大寺南大門石造獅子(東方像〈右〉・西方像)

浄土寺浄土堂(兵庫県小野市)

末の出身地も明州であろうとしている（山川二〇〇六、ＧＢＳ実行委員会二〇〇七）。明州といえば、前節でもふれたごとく、重源・栄西はじめ、この当時の日宋交通にとってもたいへんなじみの深い地であった。

大仏再建は、このように宋からの文物請来や人的交流のなかですばやく実現できた。重源によって採用され新しい建築様式として名高い大仏様はその集約といえよう。重源が復興した大仏殿は戦国期に焼失したため、当時の様式を直接確認することはできないが、残存する東大寺南大門をみるかぎり、それは純粋な中国風ではなく、和様の技法も取り入れられていたと思われる。重源が造立した播磨別所浄土寺の浄土堂（現、兵庫県小野市）は、中国式様式がきわめて色濃いとされているが、そこでも床を張ったり蔀戸をつるなど日本的な要素があることが認められている（田中淡一九八九、ＧＢＳ実行委員会二〇〇七）。大仏鋳造の際、宋人鋳物師が不快の色を示しても、重源は河内国鋳物師など日本工人も加えて両者の和解を試みながら作業を進めていたように（『玉葉』寿永三〈一一八四〉年正月五日）、重源の技術導入はひたすらの海外新技術導入ではなく、在来技術との融合をはかる姿勢がうかがえ、そのことによる個性的で独特の様

東大寺鐘楼

東大寺鐘楼「東」銘平瓦

▼禅宗様　寺院建築の様式で唐様ともいう。鎌倉期以降、おもに禅宗寺院で用いられた。

▼和様　鎌倉時代になって日本にもたらされた大仏様・禅宗様に対して、それまでの伝統的な建築技法をいう。構造的には長押で柱をつなぎ、組物は柱の上のみ、板扉・蔀などの特徴がある。

式をもたらしたといえる。この点、栄西も同様で、第二代目大勧進時代に彼は東大寺鐘楼を造営するが、これは大仏様と禅宗様と和様を折衷したような独特の建物で、鈴木嘉吉氏はこの鐘楼に対して「栄西様」(奈良六大寺大観刊行会二〇〇〇)という表現をあたえているほどである。

重源も栄西も渡航経験を踏まえ豊かな国際性をもっていたが、彼らはいずれもただひたすらの導入ではなく、日本の状況を踏まえるという柔軟性があり、それを存分に発揮しえたのである。東大寺大仏を語るとき「天竺震旦にも類無き仏像」(『東関紀行』)というような国際意識がともなうのも、このような造像過程における国際性に下支えされてのことであった。

東大寺再建と平和への願い

つぎに東大寺大仏再建事業が、単なる東大寺の復興にとどまらぬ広がりをもつものであったということについてみておこう。

東大寺はこのころしばしば、本願聖武天皇の言として「我寺興復者天下興復、我寺衰弊者天下衰弊」という〈寺—天下〉同調史観なるものを唱えていた(久野一九九九)。王法と仏法がたがいに依存しあう関係にあるという「王法仏法相依論」の変奏とでもいうべきものであるが、東大寺焼失にあわせるかのように拡大展開していった国内の内乱状況は、このような見方に説得力をもたせるものであった。この観点からすれば、東大寺を再建することは天下を復興させることであり、ひいては王法・仏法からなる秩序を回復し、ともに繁昌することを意味する。そうだとすれば、東大寺復興は一寺院たる東大寺や仏教界のみの問題ではなく、それを超えた巨大な社会再生プロジェクトとでもいうべきものになるわけである。

　源平戦乱が依然として続くきびしい状況下で再建事業が進められたのも、否、むしろそのようなきびしい状況だからこそ、この事業は進められたというべきかもしれない。そこにあったのは人びとが平和を願い安穏に生きのびようとする切実な思いであった。平氏が壇ノ浦に亡んだ五カ月後の一一八五(文治元)年八月、挙行された大仏開眼供養での人びとの熱狂ぶりはそのことをよく伝えている。前日から後白河法皇▲や八条院▲をはじめ「洛中之緇素貴賤」はみなこぞって南都に下向し(『玉葉』文治元年八月二十七日条)、諸国からも無数の人びとが参

▼**後白河法皇**　一一二七〜九二年。父は鳥羽天皇。崇徳系への皇位を阻止し守仁親王(二条)即位を前提として、保元の乱前に即位。その後、長く院政を行い、平安末〜鎌倉初期の激動期にあっておおいに政治力を発揮した。

▼**八条院**　一一三七〜一二一一年。鳥羽天皇の内親王。その遺領を伝領し膨大な八条院領荘園群を保持した。近衛天皇死後は女帝とする動きもあるなど、その経済力を背景にして周囲に政治勢力が形成された。

集した(『醍醐雑事記』『発心集』など)。当日集まった車輿は数知れず、雑人も恒沙のごとしであったという(『玉葉』文治元年八月三十日条)。諸人は結縁を求め、感激のあまりにその場で剃髪する者、出家を願う者があとをたたなかった。さらに注目すべきはみずからの腰刀を法会の舞台上に投げ上げる雑人が多数いたことで、その腰刀は重源聖人の弟子たちが取り集めた、という。この行為はあらかじめ想定されていた儀式の一環ではなく、戦いを厭い平和を願う人びとの思いが発露したものであった。まさに文字どおり、こうした人びとの願望を重源が回収していったわけである。東大寺再建にあたって大きな役割を果たすこととなった重源の勧進活動も、こうした人びとの強い平和願望を受けとめ組織する宗教的救済の営為だった。▲

平和を求める思いは、未曽有の戦死者を生み出したことで傷ついた社会を慰撫し浄化することを要請した。人びとは厖大な戦死者が怨霊となって社会を乱すことを懼れており、その鎮魂は不可欠であった。『延慶本平家物語』の末尾近くに登場する重源には、そのような役割を果たす彼の姿がうかがえる。南都攻めを行った平重衡の首は南都にさらされていたが、妻大納言典侍の願いを受

▼建久元年上棟式と同六年の供養

人びとの熱狂ぶりは一一九〇(建久元)年十月十九日の大仏殿上棟式でもみられた。上棟の際、棟木に取りつけた綱を後白河法皇や摂政をはじめ文武百寮が引いたが、このときも「参拝の諸人肩を摺り踵を踏む。緇素の男女隙無きこと市に過ぐ」という混雑ぶりで、髪を切る者、剃髪し尼となる者、手指を切って焼く者、起請文を書いて発心する者などが多数であったという(『東大寺造立供養記』)。ただ、頼朝が幕府御家人を率いて警固にあたった一一九五(建久六)年供養の際には、雑人参列は禁止され、和田義盛・梶原景時が率いる軍勢が四面警固にあたるなど、幕府の保護下のもと儀式は遂行され、その雰囲気は大仏開眼会や大仏殿上棟供養とは大きく異なるものとなった。

けた重源は、それを貰い受け改めて高野山にほうむっているし、小松殿重盛の末子を引きとったともいう。

東大寺大仏殿東方に位置する鐘楼岡には、東大寺焼打ちに参加した阿波民部大夫成良建立の九体阿弥陀堂が移築されて浄土堂がつくられ、この周辺を中心にして重源の「東大寺別所」が設定された。堂内には九体丈六仏を安置して「万人の念仏」を進めることで、乱逆を行い誅戮された者たちの罪根救済をめざした。近世の「東大寺寺中寺外物絵図」では、この付近に「阿波民部重義」のための五重石塔もあったことが確認できる(次ページ図参照。五味一九八四・一九九五)。

造寺・造塔という作善行為が、内乱後の社会再生と深くかかわっていたという点についていえば、栄西の場合も興味深い逸話が建仁寺に伝わっていた。政変による梶原景時▲の不遇の死を悲嘆して、世を深く恨む後家女房尼君に対して、栄西は自業自得果の理を教化している。栄西はいう。景時は「故大将殿(頼朝)の御時、よろづ(万)の軍の謀をば仰せ合わせ」多くの人を亡き者にした。その咎により身を滅ぼしたのだから、「人の咎と思い給うべからず。只恨み歎きやめて、一心に後世菩提を訪ひ給へ」と。そして尼が「故梶原大なる物にて侍りし

▼**梶原景時**　?〜一二〇〇年。相模国の武将。石橋山合戦で敗北した頼朝の命を救い、のちには頼朝側近として活躍。侍所所司をつとめる。平家追討にも活躍するが、源義経と対立し、彼を讒言したとの逸話をもつ。二代将軍頼家のときに有力御家人らに弾劾されて失脚、滅亡する。

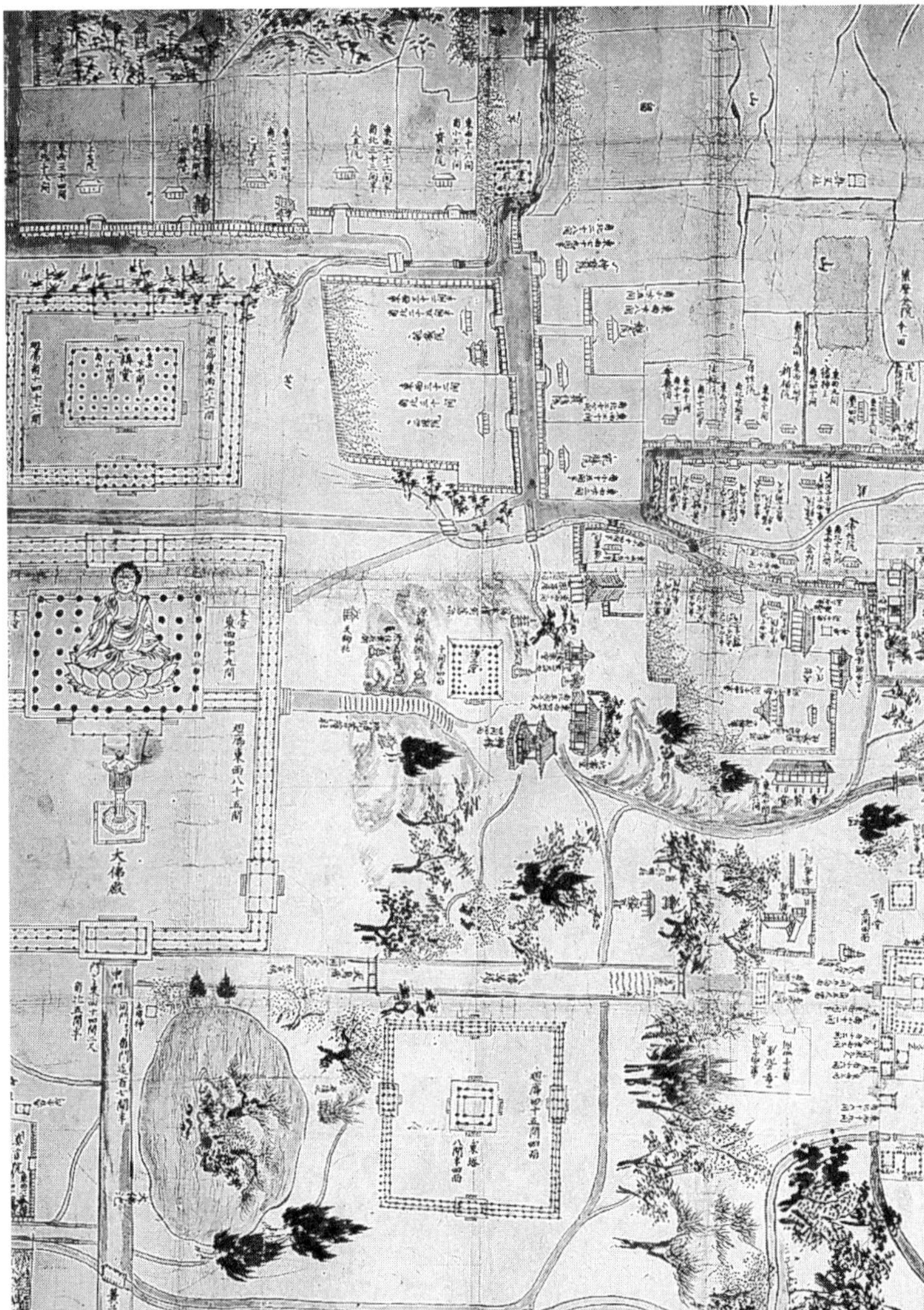

「**東大寺寺中寺外惣絵図**」(部分)　大仏東方の丘陵上に浄土堂がみえ，その右にある五重石塔に「阿波民部重義」との注記がある。

かば、罪も定めて大なるらむ。いかなる善根をか営みて彼の苦患をたす（助）くべき」と問いかけると、栄西の返事は「塔を建てる事が最上の功徳。建仁寺に塔を建てたまえ」というものであった。こうして尼が寄進した荘園得分によって三年のうちに建立された塔は、人のわずらいとならず深い信心によるものであったから、仏意によくかなうものだったという（『沙石集』巻八）。梶原景時が頼朝のもとで内乱を戦ったその罪障の大きさを指摘しつつ、それを除くために造像起塔の功徳と信心を強調する栄西の姿は、重源の跡を継いで東大寺大勧進をつとめた彼にいかにもふさわしい。内乱という未曽有の大量死を間近にみた彼らの、それを踏まえた作善活動としての仏法興隆という性格がかいまみえる。

公共事業・社会政策としての再建活動

　重源らの東大寺再建活動は、東大寺を超えた広く王法・仏法秩序全体の再興をめざすものであり、それは単なる理念上にとどまることなく、実際に多くの土木事業としても進められた。そして、そこには内乱で混乱疲弊した地の復興をめざす社会政策、現代風にいえば「公共事業」とでもいうべき性格があったと思われる。一一八六(文治二)年春、用材を求めて造営料所周防国に着岸した重源一行を迎えたのは雲集した「国中飢人」であった。周防国は「源平合戦之時」に地を払って損亡し、多くの人びとが逃亡や死亡、盛んに人身売買が行われ、なんとか命をつなぐありさまであった。重源はただちに積み込んできた船中米を施行し、さらに種子農料も分けあたえて彼らの生活基盤をととのえ、そして杣人には報酬を保証した。加えて一一八六年以前の出挙については棄破も行ったのである(『東大寺造立供養記』、「東大寺大勧進文書集」十三)。勧進によって集められた奉加米銭がこのように運用された。同じく造営料所である備前国においても、奉加米銭を元手にして、同国で焼成される東大寺瓦運搬の流路河口部近く、潮堤構築による大規模干拓を実施し所領経営にあたっている(久野一九九〇、邑久町史編纂委員会二〇〇九)。

大仏殿造立がもつ社会事業という一面について、次の『沙石集』が示す逸話は興味深い。杣作のために用意していた食物俵を盗もうとした「痩せかれたる童」が捕えられた。わずかに薪を集めて生計を立て盲目の老母を養っていたが、力もつきてのことであった。その事情を確認したうえで、重源はひとまずは母

▼**出挙**　古代〜中世の稲種の貸付け。収穫時に利子付きで返済する。もともとは社会慣行だったものが、実際上は税負担の一種であった。

▼**『沙石集』**　鎌倉中期の代表的仏教説話集。無住著。当時の人びとの信仰世界のようすや世相を読みとるうえで参考になる多数の話がおさめられている。

を養うほどの食物をあたえたのち、「さて仏物なれば、いたづら（徒）に与へんも恐れ有りとて、杣作の間は、童をば召し使」ったのである。母子家庭の救済事業とでもいうべきものであるが、それは単なる慈善の施しではない。「仏物」を無駄にせず、労力と交換という合理的感覚がみられ、かつそれが仏物を有益に運用する作善行為となっている。「仕度第一」と称された重源のリアリティ感覚もそこにうかがうことができる。

宗教的救済はこうした具体的な地域再生や社会復興をともないながら現実的なものとなっていく。人びとは重源にそれを願い、それを受けとめ彼の活動はさらに展開していく。瀬戸内水運に重要な魚住泊修復は、東大寺復興事業にとっても大切なことであったが、なによりこれは近辺の住人・僧侶らの歎きや要請によるものだった。重源は東大寺の堂舎未造がまだ多いからと、再三辞退したがいなめず承諾したという（建久七〈一一九六〉年六月三日太政官符）。晩年の大事業である一二〇二（建仁二）年春からの狭山池改修も、摂津・河内・和泉三カ国の流末の五〇余郷もの人民の誘引によるものだった。一九九三（平成五）年に新発見されたその改修碑文には、「道俗男女沙弥小児」、さらに「乞丐非人」ま

狭山池改修碑出土状況　右上の黒づんだ石が改修碑。

改修碑文(部分)

でもがその工事に加わったことを如実に記している。また重源が組織した造東大寺大工や唐人技術者も関与していた。

魚住泊修復はともかく、狭山池改修のように明らかに東大寺造営とは無関係な事業であっても、重源の作善行為が広く王法・仏法の再生をめざしていた以上、こうした活動はごく自然であった。東大寺再建活動を中心としつつも、それが契機となって東大寺を超える活動が広く展開されていったのである。それは人や技術のみならず物資運用についても同様であったろう。一二〇一（建仁元）年に摂津四天王寺塔の修復に重源は関与しているが、その際には、渡部別所付設の木屋敷「二階九間二面」という巨大な倉（重源譲状）に瀬戸内ルートを介して集積されていた材木も活用されたことだろう（田中二〇〇三）。

源平内乱のなかでの南都焼失という末法状況を克服すべく行われた社会事業は、まことに広汎であった。重源の『南無阿弥陀仏作善集』がものがたる事績はそのことをよく伝えているが、このような活動はまさに重源にとって新しい仏法運動でもあった。

悪僧批判と戒律重視

南都焼失の報を聞いた九条兼実は、その惨事をなげきつつも、なお、悪徒三〇余人が梟首されたことは御寺にとっては「要事」だと述べており、翌年閏二月に収公寺領・寺僧領が返付される際には、「悪徒等の濫行」がふたたび起こるのでは、と懸念している（『玉葉』治承四〈一一八〇〉年十二月二十九日条、同五〈一一八一〉年閏二月二十日条）。貴族にとって、南都焼失後の段階になっても悪徒の問題がいかに深刻であったかが、うかがえる。南都復興は悪徒＝悪僧抜きのものでなければならなかったのであり、その意味で、単なる仏法再興にとどまらない、新しい仏法が求められたのである。

新しい仏法をめざすということは、とりもなおさず、その担い手たる僧侶に新しい資質を求めることでもある。それまでのあり方を批判的に反省し、求められるべきあらたな僧侶の姿勢は、持戒持律ということに端的に表現される。道心をないがしろにし、名聞利養など世俗的栄誉を求める僧侶に対する批判はもとより、とくに武力に依拠するような悪僧批判でもあった。戒律を遵守するという僧侶こそが、仏法を復興する新しい担い手として社会的にも認知されるだろう。これまで、俊乗房重源の仏教信仰という点に関しては、持経者としての性格、阿弥陀信仰、舎利信仰、行基・文殊信仰などが指摘されてきている。こうした信仰の要素が、みいだせることは確かであるが、しかし重源が推進した社会的な諸活動を、このような信仰をその起動力として説明すべきではないだろう。激しく移り変わる世情のなかで、積極的に立ち向かう諸活動は、まずは菩薩行としての宗教的作善行為であって、さまざまな信仰は、それを補強するものであったろう。そしてその作善行為を現実的な力にするものとして、後年、東大寺大勧進時代の栄西が書状のなかで次のように述べていることがみのがせない。

> 故上人(重源)無智と雖も、不婬の戒力を以て、此程まで作り候い了んぬ、栄西も又、不婬梵行の戒力を以てこそ作り候、材木のあれば米のあればとて、冥加無くて造る事は候わざる也　(年未詳九月二日付栄西書状▲)

重源は「無智」であったが、成果をあげることができたのは「戒力」であったと評価している。重源は阿弥陀信仰について深い理解があったというが(『一言芳談』『沙石集』)、教学上の著作は残しておらず、その意味では確かに「無智」という

▼**栄西の新出史料**　稲葉伸道氏がそれまで知られていなかった栄西自筆書状を紹介している(稲葉二〇〇三)。一二〇六(建永元)年以来の東大寺大勧進時代のもの一七点で、法勝寺九重塔や東大寺七重塔の再建で材木調達などの苦労がしのばれ、たいへん興味深い内容である。

評価になるのかもしれないが、栄西はそれよりも重源の「戒力」を重視している。そして彼自身もまた「不婬梵行の戒力」で作事を進めるという。それにしても、米や材木があっても冥加がなくてはつくることはならぬ、と現実的なことを記しているのもみのがせない。いかにも勧進聖としてのあり方がよくうかがえよう。「梵行」という清浄行を貫く戒律堅固ということが多数の知識喜捨を集め、事業推進に役立った。『源平盛衰記』がいっていたように、栄西は臨済禅の開祖というより、まずは「持戒第一葉上坊」として知られていた。彼の代表的著作『興禅護国論』(建久九〈一一九八〉年)をひもといても、そこには終始、令法久住の法として持戒持律が説かれている。栄西にとって禅とはすなわち持律にほかならない。「仏法は斎戒を命根と為す」のであり、そのことを理解し実践する人こそが真の仏法者であった(『出家大綱』一一九五〈建久六〉年成稿し、一二〇〇〈正治二〉年再治)。一二〇四(元久元)年に栄西が記した「日本仏法中興願文」でも、強調されたのは律が衰えた世にあって「梵行を修せしむ持戒律者、仏法を再興す、王法も永く固めん乎」と主張することであった。

　このような姿勢において重源・栄西の両人は共通しているといっていい。

あらたな仏法興隆

東大寺再建もこうしたあらたな仏法再興による、社会再生をめざすためのものであり、単なる奈良時代の復古ではなかった。大仏殿内に盧舎那仏を挟むように「金剛界堂」「胎蔵界堂」が新設され、両界曼荼羅や真言八祖像が安置されて長日供養が行われたことからもわかるように、真言密教の要素が加わっており、盧舎那仏は大日如来としての性格ももつようになったことが指摘されている。そして顕教▲たる最勝王経の長日読経も行われ、顕密の行法が連日大仏殿で挙行されるようになっていた。大仏殿はまさに「一体としての顕密仏教を可視的に体現」するものとなった（横内二〇〇八、藤井一九九八）。さらにこれまで折にふれて述べたような新しい宋の技術や様式文化抜きには東大寺復興はありえなかったのである。

東アジア世界からの文化導入による王法・仏法再生という点においても、重源と栄西は共通していた。そのことを象徴的に示す逸話として、横内裕人氏が指摘しているのが大仏殿の庭上への菩提樹の移植であった。『南無阿弥陀仏作善集』に「鯖木の跡に菩提樹を殖え奉る」とあるものだが、平家焼打ちで焼失し

▼**顕教**　密教に対する語句。釈迦によって明らかに説かれた教えの意味。空海の考えによると、顕教は仮の教えであり、密教こそが究極の真理とされた。

た鯖売の翁にちなむ樹木のかわりに天竺渡りの菩提樹を移植したというのである。鯖木は東大寺大仏開眼や華厳会の由来にもかかわる古代以来の伝承だが、その生長と枯死は寺の盛衰と同調するとされていた(『今昔物語集』『宇治拾遺物語』など)。したがって、この樹木移植という行為はまさに東大寺焼失と再建の象徴的行為でもあったが、この菩提樹は天竺渡りのものが震旦をへてもたらされたという。そして震旦から本朝へ伝えたのがほかならぬ栄西であり、彼から重源に伝えられたという(『東大寺造立供養記』『元亨釈書』など)。これをもたらした人脈はまさに前節でみた宋人商人も加わった重源・栄西の人的ネットワークとも合致している。横内氏はここに仏法の始源へ回帰することで法滅の克服をめざした彼らの戦略をみいだしている。

その当否はさておき、ともかく重源も、またその事業を引き継いだ栄西も、東大寺復興事業というのは、戦乱の時代のなかで悪僧を批判し、新しい仏法による王法・仏法再興をめざす点で、共通した性格をもっていた。栄西の主著が『興禅護国論』と名付けられており、一二〇四(元久元)年栄西願文が「日本仏法中興願文」として持戒が強調されるのも当然のことであった。そしてこのような彼らの新しい仏法興隆の運動には東アジア世界との関わりでえた新知見が大きく寄与していた。これらのことを想起するとき、重源と栄西の仏教は、私たちが通常考える以上に親近したものだったといえる。彼らがあいついで東大寺大勧進をつとめたという事実は、まさにそのことを如実にものがたるものであった。

④—重源から栄西へ

栄西の大勧進就任まで

重源が東大寺再建活動に邁進していた一一八〇年代前半、栄西は先にも述べたように鎮西で述作を重ねながら、再度の入宋機会をうかがっていた。宋人陳和卿を重源に引きあわせたのもこの間のことであったろう。こうして一一八七(文治三)年四月、栄西は二度目の入宋を果たす。前回は半年たらずの滞在だったが、このたびは四年を超える長きにわたるものだった。栄西はこのとき、宋をへてさらに仏教の始源天竺をめざすが果たすことができず、かわって虚菴懐敞▲との出会いがあり、彼から黄竜派臨済禅を学ぶこととなった。禅宗祖師としての栄西がここからスタートする。一一九一(建久二)年帰国すると九州で活動を開始、九五(同六)年、ちょうど東大寺供養の年、博多に最初の禅寺聖福寺を創建する。さらにその三年後には主著となる『興禅護国論』を著すが、こちらは法然▲の『選択本願念仏集』▲がなった年でもあった。東大寺再建といい、法然の代表的著作といい、新時代の仏法が活発に展開する動きのなかで、栄西

▼**虚菴懐敞**　生没年不詳。天童山に学び、天台山万年寺に住す。栄西に印可をあたえ、また栄西からの材木で景徳寺千仏閣を修築した。

▼**法然**　一一三三〜一二一二年。浄土宗の開祖。美作国の押領使漆間時国の子。幼くして父を夜襲でなくし、その遺誡によって出家。比叡山に学び、のちそこを離れ専修念仏に帰依。建永の法難を受け土佐に配流されるが、のち赦されて帰京、東山大谷で死去。

▼**『選択本願念仏集』**　法然の代表的な著作。一一九八(建久九)年に成立。聖道門と浄土門を分け、往生行として後者の専修念仏こそが重要な行であることを論じた。明恵『摧邪輪』は本書に対する反駁の書。

も先頭を切っていたことがよくみてとれる。

一時、達磨宗弾圧▲の憂き目にあうが、栄西の姿はやがて鎌倉でみいだせるようになる。一一九九(正治元)年九月、大倉幕府における不動尊供養の導師を初見に、その後、さまざまな造寺・造像の供養導師をつとめたり、法華経転読による祈雨など、禅僧としてよりは顕密僧としての活動ぶりである。源家将軍時代の新興地鎌倉において、栄西は「権僧正」という高位についた唯一の僧侶であり、この当時、高僧の人材になお乏しかったかの地にあって官位・能力ともに文字どおりの第一人者であった(平二〇〇二)。二日酔いに苦しむ将軍実朝に『喫茶養生記』▲を進めたことは有名だが、実朝建立の大倉新御堂大慈寺の供養導師をつとめたり、頼朝一周忌法要や北条政子▲逆修を行い、政子発願の寿福寺の開山にもなっている。二代将軍頼家との関係では、頼家開基の京都建仁寺開山となったのをはじめ、頼家遺児の栄実を弟子にしている。これらのことが示すように栄西は鎌倉幕府将軍家の厚い信頼を受けた護持僧的な存在だった。

二度目の帰国後、栄西は九州博多からただちに京都にはいって活動すること

▼**達磨宗弾圧**　菩提達磨に始まる禅宗が達磨宗であるが、大日能忍は独自に禅法を学び弟子を中国に派遣して臨済禅を学ばせ、日本で達磨宗を唱えた。一一九四(建久五)年に弘通を禁じられた。

▼**『喫茶養生記』**　栄西著。上下二巻。茶の薬用的効能や採取、製造法を中国の文献からぬきまとめたもの。『吾妻鏡』建保二(一二一四)年二月四日条にある源実朝に進めた「茶の徳を誉むる所の書」がこれにあたる。

▼**北条政子**　一一五七～一二二五年。北条時政の子。流人時代からの源頼朝の妻として鎌倉幕府草創に立ちあう。源家将軍死後は尼将軍として幕府を支えた。

はせず、関東に誕生した新興武家政権に接近したのである。この結果、彼は京（建仁寺）・鎌倉（寿福寺）・博多（聖福寺）という鎌倉期の三大中心地にそれぞれ拠点となる寺院を実現した。栄西には時の政治権力にも積極的に接近し、そのことでみずからの仏教の正当性を獲得しようとした姿勢がうかがえる。

そんな栄西が、一二〇六（建永元）年六月に重源が八六歳で没すると、同年十月、東大寺大勧進職に就任する。▲この間の詳しい事情は明瞭ではないが、栄西の鎌倉での活躍ぶりを想起すると、この人事に幕府の意向を想定することも可能であろう。事実、栄西の後任大勧進には彼の弟子行勇が就くが、行勇も鎌倉鶴岡八幡宮供僧から寿福寺長老という経歴をもつ幕府にゆかりの深い僧侶であった。

東大寺再建における重源の大きな位置を考えると、その死と、新しい後継者の就任は、大きな変化をもたらしたことが容易に推測できる。晩年の重源と東大寺のあいだには、しだいにその乖離が表面化していただけに、いっそうこれは避けがたいことであった。

▼重源没後の大勧進　小原嘉記（二〇〇九）は、重源没後、栄西就任まで空白期間が四カ月におよんだことについて、大勧進の常置化という発想はなかったのではないか、としている。朝廷も東大寺も大勧進は重源一代かぎりで、勧進所による造営体制を維持することには消極的であったと判断している。

重源と東大寺僧の不協和音

重源と東大寺の意識のズレをものがたる一つの端的な表れが、一二〇一(建仁元)年、大仏殿廻廊完成後の再建の順序をめぐる意見対立であった(永村一九八九)。講堂・三面僧房を重視する東大寺僧綱大法師らに対して、重源は七重御塔を再建しようとしていた。僧綱大法師らにとっては、彼らが行う講演法会や論義釈教の道場である講堂、そして日常的に常住し仏法を学ぶ場である三面僧房、これらの再興による学侶の興隆こそが東大寺仏法の興隆であると思われた。しかし重源がめざしていたのは、東大寺再興にとどまらず、それを超え、それを介しての王法・仏法興隆であったから、その活動意図も東大寺を超えた広がりをもち多分に自律的なものだった。こうした両者の齟齬から東大寺僧綱大法師らは朝廷に働きかける。重源が八〇歳を超えた高齢であり逝去も間近いとあからさまに述べつつ、大規模な用材入手への懸念など、重源没後の体制についても言及している。

　就中和尚の齢は八十に余り、命は旦暮の遷化を待つ、若し跡を隠さば勧進は誰を憑みとせん、今一生の已に迫らんとするを見る毎に、各寸陰の空

しく過ぎるを傷まん、

（『鎌倉遺文』一二〇三号）

この言い種はいささか異様な印象を受ける。ここには重源に対する敬意や東大寺僧との一体感はみじんもなく、重源は東大寺再建事業にあたる実務者にすぎぬとの意識が見え隠れしている。朝廷から任命された人間であるから、東大寺も重源に従っている、とでもいいたそうな口吻である。

一方、重源の側も、みずからの後継問題については独自に構想を立てていた。一一九七（建久八）年六月十五日には重源はみずから譲状を作成し、寺領荘々（伊賀国阿波広瀬山田有丸荘・播磨国大部荘・周防国椹野荘・同国宮野荘・備前国南北条長沼神前荘・同国野田荘）と堂舎別所（高野新別所専修往生院・東大寺鐘楼岡鐘楼谷別所・渡部別所木屋敷地・播磨大部荘内別所）を東南院院主律師含阿弥陀仏（定範）に譲るとしていた。これらは、もともとは東南院院主権僧正法印勝賢に付すつもりであったが、勝賢が死去してしまった（一一九六〈建久七〉年六月二十二日）ため、東南院を受け継いだ定範に譲ったのだという。重源はみずからが進止した所領や別所はすべて東南院のもとに集約し、院家知行の人が相承することとしており、他の東大寺院家や惣寺別当所司三綱の権限を排除するつもりであった。

この譲状作成の翌年には、重源が立てた燈油料所備前国野田荘について四至確定と不輸権の獲得を行い、さらにその翌々年、一二〇〇(正治二)年には播磨別所の浄土堂を院御祈願所となし、周防阿弥陀寺の用途保全も国衙在庁に確認させるなど、重源はみずからの没後の方策を種々講じている。さきの東大寺僧綱大法師らの動きは、こうした一連の動きに反応したとも考えられる。重源の構想のなかに東大寺寺僧らの意向はまったく反映されておらず、むしろそれらを排除した形で進められていた。

すでに述べたように重源は東大寺僧であったのではなく、東大寺再建も彼にとっては、一個の寺院の再建にとどまらぬ仏法再興のなかの一環であり、さらに戦後復興という社会秩序の建直しに彼の主眼があった。東大寺別所も、東大寺の境内地ではあるものの、東大寺とは別個の独自領域でもあった。重源を中心に結集した「重源教団」の人びとがここを拠点としていた。阿弥号をもつ同行衆や、弟子の聖たちは、昼は瓦石材木を運ぶなどの造営活動に従事し、夜は唱名念仏を行っていた(『発心集』七—一三)。さらにその外縁部には鋳物師や石工など重源が編成した技術者や、勧進に応じて結縁した道俗男女もいたであろう。重源はこうした結衆らの別所を東南院のもとに位置づけようと構想したのだろう。重源の意図は、小原嘉記氏もいうように、東大寺構成員らの「人法」よりも「仏法」総体を重視していた。したがって重源が没すると、ただちに東大寺は彼が集積した奉加物・施入地・材木などの接収をはかり、重源の尽力で成立した荘園についても、早くから支配下におくことになる（小原二〇〇九）。東南院へ集約し惣寺の権限を排するという重源譲状の構想は、現実のものとはならなかったのである。

東大寺大勧進職と栄西

　重源と東大寺の微妙な関係を受けて大勧進となった栄西であるが、その任期中の成果としては東大寺鐘楼の造営がある。大仏殿の東方丘陵上にすえられた鐘楼の立地場所は、東大寺別所があったと思われる一画でもあり、そこに惣寺の巨大施設が設けられたことには、当該地域の性格変容を思わせる。すなわち、重源教団は重源の死後、その居場所を東大寺内で失っていったのであろう。拠点といえば、東大寺大勧進のそれも東大寺から分離していったようである。大勧進栄西は東大寺よりも主として京都建仁寺にいたと推測されており（吉川ほか二〇〇八）、東大寺整備の事績も重源のころほどはっきりとしない。力点は京都にあったようにみえる。

　そのことを示すきわだつ成果といえるのが、「国王氏寺（うじでら）」とも称される京都法勝寺（ほっしょうじ）の九重塔（くじゅうのとう）再建である。一二〇八（承元（しょうげん）二）年五月落雷で焼失後、当初は西園寺公経（さいおんじきんつね）▲が伊予（いよ）国をあたえられて造営にあたったものの再建ははかどらず、当時東大寺大勧進職にあった栄西が改めてその責任者として指名される。「ソノ骨アリ。唐ニ久シクスミタリシ物也」（『愚管抄（ぐかんしょう）』）と、その器量や入宋経験が評価されてのことであった。これはまさしく重源のそれと同性格であった。栄西はみごとにその期待に応えて、一二一三（建保（けんぽう）元）年には巨大八角（はっかく）九重塔の盛大な再建供養にまでこぎつけた。その恩賞（おんしょう）として栄西が生前「大師号（だいしごう）」を求め物議をかもしたことはよく知られている。栄西はみずから積極的に栄達を求めることによって、自己の宗教に社会的正当性、ひいては正統性をえようとしたと考えられる。

▼**西園寺公経**　一一七一〜一二四四年。清華家（せいがけ）西園寺の祖。のちに太政大臣（だいじょうだいじん）。源頼朝との縁故などで幕府とも緊密な関係をもち、同家はその後関東申次（かんとうもうしつぎ）を代々つとめる。

さて、東大寺大勧進の職であるが、栄西没後は関東での弟子行勇へと引き継がれ、鎌倉期を通じてこの地位は一時期を除いて多く栄西門流の者によって占められていた（永村一九八九）。造東大寺大勧進職について、上横手雅敬氏によると、重源のそれは自称にすぎず、なお職として存在しなかったとの見解が示されている（上横手二〇〇九）。重源死去の時点ではなお東大寺大勧進の地位は不安定であったという。それに従うならば、大勧進職は重源没後に栄西が引き継ぎ、自己の門流たる行勇へと伝えていったことによって、制度化され安定したということになろう。

重源・栄西、そして行勇の三代の事例は、「重源聖人以来三代」の事績として依拠すべき先例とみなされるようになっていった（「東大寺大勧進文書集」）。しかしそれは、大勧進重源の時代のあり方とはその性格を大きく異にしていたと思われる。東大寺大勧進職は王法・仏法体制を施設面で支える禅律僧という方向性へ制度化され、認知されていった。

重源の場合、勧進活動を進めるにあたって大きな位置を占めたのは舎利信仰もあるが、やはり浄土信仰が大きく存在していた。重源が人びとに阿弥陀仏号

▼『一言芳談』　鎌倉時代の法語集。法然など、浄土念仏系の高僧たちの短い言行録を集めたもの。

をあたえ、各所で迎講を始めたことはよく知られている。彼の浄土信仰理解が深かったことは『一言芳談』▲にも伝えられており、また法然の弟子とみなす伝承もあらわれた。重源には阿弥陀系の勧進聖という性格が濃厚にあった。

これに対して栄西になると、阿弥陀の浄土信仰はいくぶん後景に退き、むしろ戒律の役割に力点をおくように思われる。戒律重視による社会的実践＝王法・仏法の復興という側面が、彼にとって大きなものとしてあった。重源から栄西へという交代は、勧進活動が阿弥陀系聖から禅律僧への転回をものがたるものであった。一方、臨済禅などのいわゆる中国風禅宗の興隆ということは、栄西の段階よりも、彼の死後半世紀ほどあとのことで、鎌倉中期以降の渡来僧の活躍にまたねばならないだろう。

実践的宗教者の重源と栄西

重源と栄西の二人について、通俗的なイメージからはみだすような部分に目を向けつつながめてきた。通常考えられている以上にこの二人の距離は短かった。いずれも出自は高級貴族ではなく下級の領主クラスであり、若いころには山林修行による密教僧として修行し、教義を学ぶことよりも実践行を行う僧侶として各地をたずね、さまざまな地域の実情にふれることも多かったことと思う。

彼らの宗教活動は、「源平合戦」を通じて武人政権が誕生するという未曽有の動乱期という時代状況と深くかかわるものであり、また当時の東アジア世界との豊かな交流を活力にしていた。

あいつぐ戦闘による大量死、それに随伴した南都法滅は、鎮護国家を標榜し社会や個人を救済すべき仏教者に対して、その存在意義が大きく問われることとなったであろう。こうした深刻な危機感を強く受けとめることで、国境を越えあらたな仏法を摂取し、菩薩行として社会的実践が推し進められた。それは、戦争による破壊からの復興と切実な平和への願いを受けとめ実現することであり、それを遂行するあらたな仏法者として彼らは行動した。そこで重視されたのが戒律であった。宗教改革が叫ばれるとき、僧侶みずからのあり方を反省し、わが身をきびしく律するという姿勢は、時代を超えてよくみられるものであるが、彼らの戒律重視の姿勢は、以後の中世寺院社会における僧侶集団の活性化＝「人法」興隆の動きにも連なるものだった。

彼らが推進した広汎な勧進活動による造寺・造像の実現は、信仰による喜捨を大がかりに編成し形づくることで、人びとの意識を秩序づけ編成する役割も果たしたであろう。それは日本仏教が従前にもまして人びとのあいだに深く浸透し一般化していったことをものがたる。道俗の貴顕から庶民にいたる膨大な人びとの信仰を編成した大事業を実現させた意味は大きい。

それにつけても、両者の宗教者としての類似性を改めて思わざるをえない。東大寺大勧進が重源没後に栄西へ引き継がれたということも、重源と栄西がその性格において十分に共通性があったことをものがたるものだろう。栄西は重源の地位を継承しうる資質や能力をもつ宗教者として広く認識されていたのにほかならない。

とはいえ、東大寺大勧進が重源から栄西へとかわったことは、そのあり方に変容をもたらしたともいえる。重源の強烈な個人的力量によって推進されていたような再建活動は影をひそめ、重源の結衆教団も東大寺からその姿がみえなくなってしまう。ただしその足跡は長く記憶され、重源の肖像が安置された鐘楼岡付近は庶民信仰の場となっていった。『元亨釈書』重源伝——この書で重源は東大寺僧とされていた——には、作者虎関師錬▲が目の当りにした印象深い記述がある。かの地で、多くの人びとが先を争って古草履や杖を頂戴していた。実は、それらは重源上人の「遺具」であり、多くの人が大事に手にとるあまりに光沢を放っていたという。重源教団は解体したものの、その由緒ある場所では聖遺物信仰とでもいうべきものが鎌倉期段階ですでに存在していた。広く民

▼**虎関師錬**　一二七八〜一三四六年。臨済宗の禅僧。一山一寧を関東にたずねて、日本のことについての無知を指摘され、『元亨釈書』を編纂。本覚国師の勅諡号がある。

衆に根差した重源の活動というものをよく反映している。東大寺大仏もそうだが、重源の活躍は民衆信仰的要素を多く東大寺にもたらすことに寄与したといえよう。

栄西の場合は、重源よりもさらに積極的に幕府や朝廷など政治権力に接近し、そのことによって正統性を確かなものにし、体制秩序を混乱させることを注意深く避けていた。この点、『沙石集』が描く栄西像はかなり正確であったのではないだろうか。そのいうところによると、栄西は臨終めでたき僧侶として称揚されており、戒律を学びながらも、天台・真言・禅門も大切にし、さらに念仏をも勧めた、と一向専修とは対照的な諸宗融合の立場を彼は堅持していた。そして「遁世の身ながら、僧正になられ」たのは、「遁世の人をば非人とて、ゆいかい(甲斐)なき事に名僧思ひたる事を、仏法のため無利益思給て、名聞には非ず、遁世門の光をけたじと也」ということであったという。鎮西・京・鎌倉に草創した禅院も「国の風儀に背かず一向の唐様を行わず」という柔軟な姿勢を貫いていた。いかにも現実的感覚に優れていた資質を思わせる。こうした性格があったればこそ、禅律僧による勧進体制や臨済禅の制度化がその後継者によって実現したともいえる。

その性格においていささかの違いはあるものの、重源も栄西も、ともに内乱の時代をのりこえた有能な実践的な社会事業家であったことはまちがいない。そして、そうであるがゆえに、彼らは類まれな優れた宗教者であった。

写真所蔵・提供者一覧(敬称略, 五十音順)
大阪府立狭山池博物館　　p. 61
壽福寺・鎌倉国宝館　　カバー裏(左)
浄土寺・小野市観光課　　p. 50下
誓願寺・九州歴史資料館　　p. 15
泉福寺・奈良国立博物館図録『大勧進 重源』より　　p. 39
東京大学史料編纂所　　扉(上)
東大寺・中日石造物研究会　　p. 50上
東大寺・桑原英文撮影　　カバー表, p. 52上
東大寺・奈良国立博物館　　カバー裏(右)
東大寺図書館　　扉(下), p. 52下, 57
奈良国立博物館図録『大勧進 重源』より　　p. 25
米子市立山陰歴史館　　p. 19

藤田明良「南都の『唐人』」『奈良歴史研究』54号, 2000年
保立道久『義経の登場』日本放送出版協会, 2004年
山川均『石像仏が語る中世職能集団』(日本史リブレット29)山川出版社, 2006年
横内裕人『日本中世の仏教と東アジア』塙書房, 2008年
吉川聡・遠藤基郎・小原嘉記「『東大寺大勧進文書集』の研究」『南都仏教』91号, 2008年
渡邊誠「後白河法皇の阿育王山舎利殿建立と重源・栄西」『日本史研究』579号, 2010年

参考文献

網野善彦ほか編『講座 日本荘園史』9，吉川弘文館，1999年
稲葉伸道「大須観音宝生院真福寺文庫所蔵『因明三十三過記』紙背文書——栄西自筆書状の出現」『愛知県史研究』7 号，2003年
上横手雅敬『権力と仏教の中世史』法蔵館，2009年
榎本渉「明州に来た平家の使僧」小島毅編『義経から一豊へ』勉誠出版，2006年
榎本渉「『板渡の墨蹟』から見た日宋交流」『東京大学日本史学研究室紀要』12号，2008年
大庭康時「博多綱首の時代——考古資料から見た住蕃貿易と博多」『歴史学研究』756号，2001年
大庭康時『中世日本最大の貿易都市・博多遺跡群』新泉社，2009年
岡山県立博物館編『朝原山安養寺』安養寺，1986年
邑久町史編纂委員会編『邑久町史　通史編』邑久町・瀬戸内市，2009年
小原嘉記「〈重源遺産〉その後——初期勧進所と東大寺」『日本史研究』566号，2009年
川合康『鎌倉幕府成立史の研究』校倉書房，2004年
川添昭二「栄西と今津・誓願寺」『日本歴史』332号，1976年
川添昭二「鎌倉初期の対外関係と博多」箭内健次編『鎖国日本と国際交流』上，吉川弘文館，1988年
川添昭二編『よみがえる中世１』平凡社，1988年
菊地大樹『中世仏教の原形と展開』吉川弘文館，2007年
倉敷市史研究会編『新修 倉敷市史』第２巻，倉敷市，1999年
国文学研究資料館編『中世先徳著作集』(真福寺善本叢刊　第２期)臨川書店，2006年
五味文彦『院政期社会の研究』山川出版社，1984年
五味文彦『大仏再建』(選書メチエ)講談社，1995年
GBS実行委員会編『鎌倉期の東大寺復興』東大寺・法蔵館，2007年
平雅行「鎌倉における顕密仏教の展開」伊藤唯真編『日本仏教の形成と展開』法蔵館，2002年
多賀宗隼『栄西』(人物叢書)吉川弘文館，1965年
田中淡『中国建築史の研究』弘文堂，1989年
田中文英『院政とその時代』思文閣出版，2003年
鳥取県編『鳥取県史』第２巻中世，鳥取県，1973年
中尾堯『中世の勧進聖と舎利信仰』吉川弘文館，2001年
中尾堯『旅の勧進聖重源』吉川弘文館，2004年
永村眞『中世東大寺の組織と経営』塙書房，1989年
奈良六大寺大観刊行会編『奈良六大寺大観　第９巻 東大寺１』岩波書店，2000年
久野修義編『京都大学文学部博物館の古文書　第６輯 東大寺文書』思文閣出版，1990年
久野修義『日本中世の寺院と社会』塙書房，1999年
久野修義「栄西とその時代」岡山県郷土文化財団編『岡山の自然と文化』24，岡山県郷土文化財団，2005年
藤井恵介「俊乗房重源と権僧正勝賢」『南都仏教』47号，1981年
藤井恵介『密教建築空間論』中央公論美術出版，1998年

1193	建久4	73	備前国，東大寺造営料国	53	
1194	5	74		54	天台宗僧徒らの奏聞により，栄西，能忍らの達磨宗停止
1195	6	75	*3-12* 東大寺供養	55	博多に聖福寺を創建。この春，天台山の菩提樹を東大寺に分けて植える
1196	7	76	*4-28* 魚住泊大輪田泊の修築をめざす。**11- 建久七年の政変**	56	
1197	8	77	*2-29* 重源沙汰により鎮守八幡宮上棟。*6-15* 重源，譲状作成	57	*8-23* 鎮西博多津にて，張国安と語る
1198	9	78		58	『興禅護国論』を作成
1199	正治元	79	**1- 源頼朝没**	59	鎌倉幕府にて不動尊供養導師
1200	2	80		60	*1-13* 鎌倉法華堂に頼朝一周忌法要導師。この年，寿福寺起工
1202	建仁2	82	*2-7〜4-24* 狭山池改修	62	*3-* 頼家，京都に建仁寺をはじめ栄西を請ず
1203	3	83	**9- 実朝，三代将軍**。*11-30* 東大寺供養。このころ『南無阿弥陀仏作善集』作成	63	
1204	元久元	84	**7- 頼家，殺害**	64	*4-22*「日本仏法中興願文」を草す
1206	建永元	86	*6-5* 入滅	66	*10-11* 東大寺大勧進職
1207	承元元			67	*6-21* 唐墨85廷・唐筆75支を，華厳会捧物料の唐器とともに東大寺に献納
1208	2			68	東大寺東塔の立柱(承元年間に東大寺鐘楼建造)
1209	3			69	法勝寺塔再建にあたる
1213	建保元		**5- 和田合戦**	73	*4-26* 法勝寺九重塔再建供養
1214	2			74	*2-*『喫茶養生記』を実朝に進む。*6-3* 祈雨のため実朝に屈請される
1215	3			75	入滅

＊ゴチック体は，おもな出来事を示す。

1175	安元元	55		35	1-3「胎口決」1巻,「出纏大綱」1巻撰す。10-23 今津誓願寺の落慶供養に請される
1176	2	56	2-6 高野山延寿院梵鐘に「勧進入唐三度聖人重源」	36	中秋より今津誓願寺にとどまる
1178	治承2	58		38	7-15「誓願寺盂蘭盆縁起」執筆。この年,「法華経入真言門決」1巻撰す
1179	3	59	**11- 平清盛クーデター**	39	7-「菩提心別記」1巻撰す
1180	4	60	**5- 以仁王の乱。6- 福原遷都。8- 源頼朝挙兵。12- 南都の焼打ち**	40	4-22「結縁一遍集」1巻撰す
1181	養和元	61	8- 東大寺造営勧進の宣旨を賜る。10-6 大仏鋳造始め。10-9 洛中諸家を勧進	41	
1182	寿永元	62	7-23 宋の陳和卿を語らって大仏鋳造	42	
1183	2	63	1-24 九条兼実に中国の風俗を語る。2-11 東大寺大仏右手を鋳造。4-19 東大寺大仏の頭部を鋳始め。**7-25 平家西走**	43	
1184	3	64	1-5 大仏左手鋳造。6-23 大仏鋳造終る	44	
1185	文治元	65	**3- 壇ノ浦合戦。**8-28 東大寺大仏開眼供養	45	
1186	2	66	3-23 周防国,東大寺造営料国に。重源が国守。4-10 大勧進重源以下10余人,陳和卿・番匠物部為里・桜島国宗と周防杣にはいる	46	「金剛頂宗菩提心論口決」1巻撰す
1187	3	67		47	4- 第2回目の入宋,臨安にはいり天竺への許可を願うがならず,瑞安へ。北上し天台山。虚菴懐敞にあい,天童山で黄竜派9世の法脈を継ぐ
1190	建久元	70	10-19 東大寺大仏殿上棟	50	
1191	2	71		51	7- 帰国,平戸葦浦に着く
1192	3	72	**7- 頼朝,征夷大将軍**	52	香椎神宮のそばに報恩寺を構え菩薩大戒布薩を始める

重源・栄西とその時代

西暦	年号	重源		栄西	
		齢	おもな事項	齢	おもな事項
1121	保安2	1	紀季重の子として誕生。俗名重定		
1133	長承2	13	醍醐寺にはいる		
1137	保延3	17	四国辺りを修行する		
1139	5	19	初の大峯修行(生涯5度。このほか熊野，御嶽，葛城)		
1141	永治元	21		1	***4-20*** 備中に誕生(吉備津宮人賀陽氏，母田氏)
1148	久安4	28		8	父に従い倶舎などを読む
1151	仁平元	31		11	安養寺静心に師事
1152	2	32	***9-12*** 円光院理趣三昧衆に請定		
1154	久寿元	34		14	落髪，叡山にのぼる
1155	2	35	***6-21*** 下醍醐栢杜堂一宇を建て九体阿弥陀像造像。***9-11*** 円光院理趣三昧衆に請定		
1156	保元元	36	**7- 保元の乱**。***9-11*** 円光院理趣三昧衆に請定	16	
1157	2	37		17	静心寂す，千命に師事
1158	3	38		18	千命より虚空蔵求聞持法を受ける
1159	平治元	39	**12- 平治の乱**	19	延暦寺竹林房有弁に随って台教を学ぶ
1161	応保元	41		21	離山して渡海を志す
1162	2	42		22	天下疫あり。帰省して父母をみる。伯耆大山にて基好に受法
1167	仁安2	47	**2- 清盛，太政大臣**。この年，入宋	27	***9-30*** 備州安養寺にて三部印可。***12-*** 鎮西へ
1168	3	48	***9-*** 帰国	28	春，鎮西博多津にいたる。***2-*** 両朝通事李徳昭から大陸で禅宗が広まることを聞く。***4-*** 第1回目の入宋，重源に出会う。***9-*** 重源とともに帰国
1173	承安3	53	このころ，鎮西今津誓願寺丈六像に結縁	33	

久野修義(ひさの　のぶよし)
1952年生まれ
京都大学大学院文学研究科博士後期課程研究指導認定退学
京都大学博士(文学)
専攻，日本中世史
現在，岡山大学名誉教授
主要著書・論文
『博物館の古文書　第6輯　東大寺文書』(編著，思文閣出版1990)
『日本中世の寺院と社会』(塙書房1999)
『新修　倉敷市史』(共編著，倉敷市1997〜2005)
「栄西とその時代」(『岡山の自然と文化』24号2005)
「仏法と人法」(『史林』90巻5号2007)

日本史リブレット人 027
重源と栄西
優れた実践的社会事業家・宗教者
2011年11月20日　1版1刷　発行
2019年9月15日　1版2刷　発行
著者：久野修義
発行者：野澤伸平
発行所：株式会社 山川出版社
〒101-0047　東京都千代田区内神田1-13-13
電話 03(3293)8131(営業)
03(3293)8135(編集)
https://www.yamakawa.co.jp/
振替 00120-9-43993
印刷所：明和印刷株式会社
製本所：株式会社 ブロケード
装幀：菊地信義

Printed in Japan ISBN 978-4-634-54827-5

日本史リブレット 人

1 卑弥呼と台与 — 仁藤敦史
2 倭の五王 — 森　公章
3 蘇我大臣家 — 佐藤長門
4 聖徳太子 — 大平　聡
5 天智天皇 — 須原祥二
6 天武天皇と持統天皇 — 義江明子
7 聖武天皇 — 寺崎保広
8 行基 — 鈴木景二
9 藤原不比等 — 坂上康俊
10 大伴家持 — 鐘江宏之
11 桓武天皇 — 西本昌弘
12 空海 — 曾根正人
13 円珍と円仁 — 平野卓治
14 菅原道真 — 大隅清陽
15 藤原良房 — 今　正秀
16 宇多天皇と醍醐天皇 — 川尻秋生
17 平将門と藤原純友 — 下向井龍彦
18 源信と空也 — 新川登亀男
19 藤原道長 — 大津　透
20 清少納言と紫式部 — 丸山裕美子
21 後三条天皇 — 美川　圭
22 源義家 — 野口　実
23 奥州藤原三代 — 斉藤利男
24 後白河上皇 — 遠藤基郎
25 平清盛 — 上杉和彦
26 源頼朝 — 高橋典幸
27 重源と栄西 — 久野修義
28 法然 — 平　雅行
29 北条時政と北条政子 — 関　幸彦
30 藤原定家 — 五味文彦
31 後鳥羽上皇 — 杉橋隆夫
32 北条泰時 — 三田武繁
33 日蓮と一遍 — 佐々木馨
34 北条時宗と安達泰盛 — 福島金治
35 北条高時と金沢貞顕 — 永井　晋
36 足利尊氏と足利直義 — 山家浩樹
37 後醍醐天皇 — 本郷和人
38 北畠親房と今川了俊 — 近藤成一
39 足利義満 — 伊藤喜良
40 足利義政と日野富子 — 田端泰子
41 蓮如 — 神田千里
42 北条早雲 — 池上裕子
43 武田信玄と毛利元就 — 鴨川達夫
44 フランシスコ＝ザビエル — 浅見雅一
45 織田信長 — 藤田達生
46 徳川家康 — 藤井讓治
47 後水尾天皇と東福門院 — 山口和夫
48 徳川光圀 — 鈴木暎一
49 徳川綱吉 — 福田千鶴
50 渋川春海 — 林　淳
51 徳川吉宗 — 大石　学
52 田沼意次 — 深谷克己
53 遠山景元 — 藤田　覚
54 酒井抱一 — 玉蟲敏子
55 葛飾北斎 — 小林　忠
56 塙保己一 — 高埜利彦
57 伊能忠敬 — 星埜由尚
58 近藤重蔵と近藤富蔵 — 谷本晃久
59 二宮尊徳 — 舟橋明宏
60 平田篤胤と佐藤信淵 — 小野　将
61 大原幽学と飯岡助五郎 — 高橋　敏
62 ケンペルとシーボルト — 松井洋子
63 小林一茶 — 青木美智男
64 鶴屋南北 — 諏訪春雄
65 中山みき — 小澤　浩
66 勝小吉と勝海舟 — 大口勇次郎
67 坂本龍馬 — 井上　勲
68 土方歳三と榎本武揚 — 宮地正人
69 徳川慶喜 — 松尾正人
70 木戸孝允 — 一坂太郎
71 西郷隆盛 — 德永和喜
72 大久保利通 — 佐々木克
73 明治天皇と昭憲皇太后 — 佐々木隆
74 岩倉具視 — 坂本一登
75 後藤象二郎 — 鳥海　靖
76 福澤諭吉と大隈重信 — 池田勇太
77 伊藤博文と山県有朋 — 西川　誠
78 井上馨 — 神山恒雄
79 河野広中と田中正造 — 田崎公司
80 尚泰 — 川畑　恵
81 森有礼と内村鑑三 — 狐塚裕子
82 重野安繹と久米邦武 — 松沢裕作
83 徳富蘇峰 — 中野目徹
84 岡倉天心と大川周明 — 塩出浩之
85 渋沢栄一 — 井上　潤
86 三野村利左衛門と益田孝 — 森田貴子
87 ボアソナード — 池田眞朗
88 島地黙雷 — 山口輝臣
89 児玉源太郎 — 大澤博明
90 西園寺公望 — 永井　和
91 桂太郎と森鷗外 — 荒木康彦
92 高峰譲吉と豊田佐吉 — 鈴木　淳
93 平塚らいてう — 差波亜紀子
94 原敬 — 季武嘉也
95 美濃部達吉と吉野作造 — 古川江里子
96 斎藤実 — 小林和幸
97 田中義一 — 加藤陽子
98 松岡洋右 — 田浦雅徳
99 溥儀 — 塚瀬　進
100 東条英機 — 古川隆久

〈白ヌキ数字は既刊〉